私は，どこで 生き…
どこで 死んでゆくのか？

"超超"高齢社会における End of Life とは…

■ 著者　渡辺　正樹（渡辺クリニック・院長）

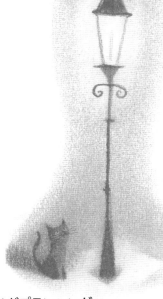

株式会社　ワールドプランニング

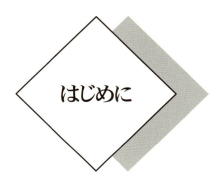

はじめに

　私は経済音痴です．かなりの学者（医者）バカであるともいえます．医学，医療を頑張っていれば，それで人生はすぎていくと思ってきました．
　現在のクリニックを開業する前は，名古屋大学，名古屋第一赤十字病院などに勤務していましたが，そのころ当たり前のように行ってきた検査や治療を振り返ってみると，かなり余分なこともやっていたと思わざるを得ません．しかし医学，医療を習得する過程においては，少しの手抜き，手落ちも許されないという姿勢で臨むべきなので，仕方がなかったと思います．患者さんもそれを望んで受診するはずと思っています．
　ところがクリニックを開業して20年近くが経ち，私の心境にも変化が生じてきました．そのきっかけは，やはりわが国の経済危機の足音が経済音痴の私にも聞こえるようになってきたからです．医者がお金の話をするのはお門違いと思われるかもしれませんが，わが国の経済危機の原因の1つに医療費の増加が挙げられるのも確かです．年金などを合わせた社会保障費の増加は，今後も止まるところを知らない状況です．
　わが国の経済状況を借金にあえぐ家庭に置き換えて想像してみてください．"溜まりに溜まった借金総額は1,000万円以上．毎年の収入は70万円しかないのに，いまだ出費は毎年110万円以上．家計を切り詰めなければならないので，おじいちゃん，おばあちゃんの生活費を減ら

したいところだが，医者代などはむしろ増えていく．破産したら，この家を売るしかない"．1,000万円を1,000兆円に置き替えてみるとよくわかりますね．

　これから述べることが経済音痴の内科医の戯言ならよいのですが，国が破産してしまってはよい医療もヘチマもありません．これから少し，医療，福祉とは別の次元で悩み，論じてみたいと思います．

　平成29年9月1日
　　　　　　　　　　　渡辺クリニック・院長　渡　辺　正　樹

はじめに……………………………………………………………… 3

第1章 "超超"高齢社会を取り巻く現状 ……………………… 7
1. 「もう長生きしたくない」という高齢者 ……………………… 9
2. 超高齢社会の影………………………………………………… 11
3. "超超"高齢社会とは? ………………………………………… 13
4. 医療はどんどん発展すべきか? ……………………………… 15
5. 寝たきりが多すぎはしないか? ……………………………… 17
6. 日本は長寿国か? ……………………………………………… 19
7. 死ぬまでにお金は残っているか? …………………………… 21
8. 老後はゆっくり? ……………………………………………… 23
9. 働かない老人でも尊敬される? ……………………………… 25
10. 親孝行は果たして美徳か? ………………………………… 27
11. ひとり暮らし,大丈夫か? ………………………………… 29
12. 日本は赤字から脱却できるか? …………………………… 31

第2章 "超超"高齢社会の養生訓 ……………………………… 33
1. 仕事をしないと呆ける ………………………………………… 35
   ・引退後に呆けたマーガレット・サッチャー ……………… 36
   ・仕事にしがみつくのも大切 ………………………………… 38
2. 現代はメタボで病気が起こる ………………………………… 40
   ・西郷隆盛のメタボリック症候群 …………………………… 41
   ・西郷がめざした緩徐な自殺 ………………………………… 42

3．だれでも呆ける，動けなくなる………………………………… 44
　　　　・中国の行方を狂わせた毛沢東のパーキンソン病………… 45
　　　　・カリスマの末路………………………………………………… 46
　　4．ぴんぴんころり………………………………………………………… 49
　　　　・徳川家康はぴんぴんころり…………………………………… 50
　　　　・一富士，二鷹，三茄子………………………………………… 52
　　5．もくもくワクワク……………………………………………………… 56
　　　　・ピカソが長寿を成し遂げた理由……………………………… 57
　　　　・ピカソのもくもくワクワク…………………………………… 59
　　6．一生の計は老後にあり……………………………………………… 61
　　　　・晩年に目標を失った豊臣秀吉………………………………… 62
　　　　・秀吉と家康の違い……………………………………………… 65
　　7．「老害」について……………………………………………………… 68
　　　　・脳出血で晩年を狂わせたフォード…………………………… 69
　　　　・フォードはカリスマのまま消えたかった…………………… 70
　　8．安楽死について………………………………………………………… 73
　　　　・ジークムント・フロイトの安楽死…………………………… 74
　　　　・フロイトの最期は一つの理想形……………………………… 75
　　9．老後の暮らし方………………………………………………………… 78
　　　　・ありきたりな肺炎で死んだ孤高のトルストイ……………… 79
　　　　・家出（別居）するなら，免疫力を高めて…………………… 81

第3章　"超超"高齢社会の決め手…………………………………… 85
　1．老後は「体心技」……………………………………………………… 87
　2．ちょっと無理して"ぴんぴんころり"…………………………… 89
　3．延命治療は行うべきでない？……………………………………… 91
　4．認知症の治療を止める時…………………………………………… 93
　5．高齢者が1人で暮らすために必要なこと　………………… 95
　6．究極の老人ホーム…………………………………………………… 97
　7．リビング・ウィル…………………………………………………… 98
　　　　【参考】Living Will の見本

あとがき………………………………………………………………………… 103

"超超"高齢社会を取り巻く現状

われわれはこれからどのようになるのか？

1．「もう長生きしたくない」という高齢者

　私のクリニックは，動脈硬化，脳血管障害や認知症が治療対象であるだけに，高齢の患者さんが多く受診されます．動脈硬化などを検査して，「あなたは，後 10 年は生きられますよ」と話すと，多くの患者さんは「もうそんなに生きたくない」と答えられます．それなら医者にかからなくてよいのにと思いつつ，「余命は神様が決める」と返すと，「元気なら生きていたい」と本音を語ります．70 歳をすぎると，気力や体力が低下し，ついついそのような愚痴をこぼしてしまうのでしょう．

　しかし，このような「長く生きたくない」と話される高齢者のための医療費は，決して安くはありません．昔は，老人は希少な存在で，「家族や日本のために頑張ってきて，偶然にも長寿を得た」，「したがって，相当な無理，わがままでも通してあげて，天国に送ってあげよう」という立場に置かれていました．そのような時代ならば愚痴は許されるし，むしろ教育的発言として歓迎されたのかもしれません．ところが，現在の日本は，人口の 4 分の 1 が高齢者なのです．老人は決して希少，別格的な存在ではなく，社会の構成員の 1 人という自覚をもたなければならないと思います．構成員とは，生産性を担う一員として，社会の戦力として，活躍しなければならない存在ともいえます．生産するほどの体力がないにしても，若い人の生産活動を妨げないよう，せめて努力する気概は必要ではないかと思います．

　少し強い言い方かもしれませんが，そのような社会の戦力が「もう長生きしたくない」と考えるなら，医療機関にかかわらず，自宅で終末を迎えたほうが，より社会のためであるといえなくもありません．私が強調したいのは，高齢者は早く死んだほうがよいというのではなく，目

的をもって長寿を生き抜いてもらいたいということなのです．しかし「長生きしたくない」老人が寝たきりに近い状態になった場合，それでも生き延びてしまう現状には疑問が残るといわざるを得ません．「長生きしたくない」という人であっても，生き残って初めて悟ることがあるかもしれません．しかし，少子高齢化による日本の経済危機という別の次元から眺めると，これまでのように延命に努めることが「是」とは必ずしもいえないような気がします．

2. 超高齢社会の影

　高齢者（65歳以上）が全人口に占める割合（高齢化率）が7％以上である国家を高齢化社会といいます．高齢者が生き残れるのですから，一流国家であるといえます．わが国は1970年に高齢化社会の仲間入りをしました．更に，高齢化率が14％以上になると，高齢社会とよばれます．高齢者が大切にされている訳ですから結構なことなのですが，問題は高齢化社会から高齢社会になるまでの期間です．わが国では，1994年に高齢社会に達しましたが，高齢化社会になってからわずか24年しか経っていないのです．ドイツ，イギリスでは40余年，スウェーデンでは85年，フランスにいたっては115年もかかっています．わが国の高齢化率の伸び方は驚異的であるといえます．そして2007年には，世界で初めて高齢化率が21％を超える超高齢社会に突入してしまったのです．

　わが国は高齢化率世界1位を独走中なのです．喜ばしいといえば喜ばしいのですが，国の借金（公的債務残高；公債）は2010年末には949兆円で，国力を表す国内総生産（GDP）の482兆円より2倍近く多くなっています．GDP自体は世界2位であったのが，2011年度に中国に抜かれ世界3位に転落してしまいました．これは国力は低下してきていることを示しているのです．一方，高齢者が増えると，年金や医療費・介護費などの社会保障費が増えるのも仕方がないことです．わが国では，GDPに対する社会保障費の割合が年々増してきているのです．この先，大丈夫なのでしょうか？

　わが国は，超高齢社会を達成したわけですから，めでたいことだと思います．しかしわが国の行く末を左右するのは，高齢者問題であるこ

とも事実だと言えますし，そのことに携わる医療の関係者として，身が引き締まる思いです．超高齢社会の影の部分にも目を向ける必要があると考えます．

	1970	1980	1990	2000	2014 (予算ベース)
国民所得額(兆円)A	61.0	203.9	346.9	371.8	370.5
給付費総額(兆円)B	3.5 (100.0%)	24.8 (100.0%)	47.2 (100.0%)	78.1 (100.0%)	115.2 (100.0%)
(内訳) 年金	0.9 (24.3%)	10.5 (42.2%)	24.0 (50.9%)	41.2 (52.7%)	56.0 (48.6%)
医療	2.1 (58.9%)	10.7 (43.3%)	18.4 (38.9%)	26.0 (33.3%)	37.0 (32.1%)
福祉その他	0.6 (16.8%)	3.6 (14.5%)	4.8 (10.2%)	10.9 (14.0%)	22.2 (19.3%)
B／A	5.77%	12.15%	13.61%	21.01%	31.09%

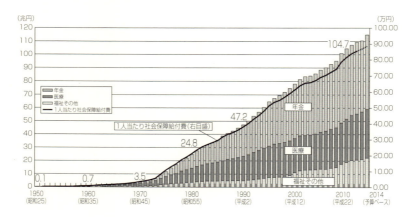

資料：国立社会保障・人口問題研究所「平成23年度社会保障費用統計」，2012年度，2013年度，2014年度（予算ベース）は厚生労働省推計，2014年度の国民所得額は「平成26年度の経済見通しと経済財政運営の基本的態度（平成26年1月24日閣議決定）」

（注）図中の数値は，1950, 1960, 1970, 1980, 1990, 2000 および 2010 ならびに 2014 年度（予算ベース）の社会保障給付費（兆円）である．

＊社会保障費はGDPに比べて大きく増加してきている．

3. "超超"高齢社会とは？

　わが国が高齢化社会から高齢社会に移っていった 1990 年代を振り返ると，ちょうどバブル期の終わりごろで，まだ景気がよくて，"年寄りが増えていくことはめでたい"という感覚だったと思います．
　そして，わずか 13 年で高齢社会から一段階上の超高齢社会に"昇格"してしまったのです．めでたいことはめでたいのですが，高齢者を支える経済がバブル期以降減速してきているのはご存知のとおりです．
　2016 年の高齢化率は 26.7%と報告されています．7%，14%，21%とくれば，次は 28%ということになり，まもなく超高齢社会の次の段階にわれわれは突入することになるのです．高齢化率 28%以上の社会をどのように名づければよいのでしょう．仕方がないので「"超超"高齢社会」とよぶことにします．このペースが続くならば 2018 年か 2019 年には"新しい社会"にわれわれは身を置くことになるでしょう．そうなると，さすがに「めでたい」とはいっておられないと思います．
　高齢化率が増えるということは，それ以下の人口比率が減るということになります．いま現在においても「少子高齢化」が問題になっていますが，差し当たっての大問題が生産人口の減少です．1990 年代から生産人口（20〜65 歳）は減り続けており，2016 年時点では生産人口 2.2 人で 1 人の高齢者を支えなければならない状況です．さらに，2055 年には高齢化率は 40%に達するとされておりますから，生産人口 1 人で高齢者 1 人を支えるという事態に陥ると思われます．
　考えてみると，国家の医療や福祉は，経済の上に成り立つわけで，GDP と社会保障費は同じくらいの比率で伸びていかなければなりません．もし GDP が低下したならば，社会保障費も下げざるを得ないのも

道理といえます．昔，高齢者を世話するだけの経済力がなかったがために「楢山節考の世界」が存在した訳です．"超超"高齢社会では，高齢者を守るという大前提が崩れ始めるかもしれません．

4. 医療はどんどん発展すべきか？

　医学の進歩は急速です．昔なら死んでいた病気が治るようになったのも事実です．将来，簡単に癌も完治する時代が訪れるかもしれません．ひと昔前なら，脳卒中を起こしたら，それで終わりであることが多かったのですが，現在では後遺症をほとんど残さず回復する場合もあります．われわれは医学の発展の恩恵を受けている訳です．

　しかし，医学の進歩には多額な費用がかかるという問題があります．そのために社会保障があり，さらに個人の保険があるのですが，社会保障はもはや限界に近いともいえます．どんどん医療が高度化すると，その負担のため各家庭が破産する危険も生まれます．破産するのは病人（家族）だけではありません．国家もこれを保障せねばならないのだから，たまったものではありません．

　もう1つの問題，矛盾は，「昔なら死んでいるが，治療で生き残ってしまった」という事態が多いことです．何とか命は救われたが，完治には遠く及ばず，その後の療養生活を余儀なくされることが，医学の進歩の副産物として生じています．"中途半端に治る"と困ってしまうこともあります．そのために福祉があるのですが，これもほぼ目一杯のところまできています．寝たきりに近い状態に取り残された時，「あの時，死んでればよかった」という後悔の念も起きてしかるべきかもしれません．

　生きるか死ぬかという大病が迫ってきたら，それを何とか退治してしまおうと立ち向かう態度は古今東西同じでしょう．確かに重篤な疾病は，どちらに転ぶかわからないという面はあります．上手に転んでほぼ完治する場合も多くあります．しかし現代の日本では，高度医療が乱発

傾向にあるのではないかと思います．この整理が"超超"高齢社会の今後の重要な課題といえます．

　積極的に寝たきり患者を死に至らしめることは犯罪ですが，かなりの数の人が自分で死を選べず，不本意に寝たきりの時間をすごしているであろう現状を考えると，何らかの対策を講じるべき時期が近づいてきたと思います．

5. 寝たきりが多すぎはしないか？

　わが国は『寝たきり大国』の様相を呈しています．寝たきり老人は1993年の90万人から，2000年には120万人，2010年には170万人，そして現在は230万人に達し，近い将来，高齢者の10人に1人が寝たきりになる時代が訪れるかもしれません．福祉の先進国である北欧では寝たきり老人がほとんどみられないそうです．寝たきり対策は，"超超"高齢社会を迎えるわが国の重要な課題といえます．

　どうしてわが国に寝たきり老人が多いのでしょうか．その原因として，まず1番目として，畳の生活習慣が挙げられます．欧米では椅子の生活が中心であることから，普段あまり横になることがなく，病気になったにしても復帰後は椅子に座って日中はすごします．しかし畳の生活だと，病後どうしても長期間の臥床になってしまいます．

　第2に，わが国では入院期間が欧米より長く，その間に寝たきりになってしまうケースが多くみられます．これは欧米人のほうが早く回復する訳ではなく，退院という認識が日本と欧米では異なり，わが国では，ある程度回復するまでを入院期間と考えますが，欧米では病気の山を越した時点までを入院期間と捉えていることによります．在宅療養には危険が伴い，病院のほうが安全ですが，安全な分だけ体が鈍ってしまいます．

　そして第3として，わが国では欧米に比して，理学療法や介護のスタッフが圧倒的に少ないことも理由として考えられます．

　以上の3つの背景は，近年の欧米化により薄れてきてはいますが，しかしそれでも寝たきりが増えてきているのは，別の理由が考えられます．

私は「治療のやりすぎ」が原因でないかと考えています．懇切丁寧な治療の結果，寝たきりに近い形で生き残ってしまう人が多くいます．これらの人は，死に切れず生き残ってしまったと表現できるかもしれません．この意味としては，なにも治療せず見殺しにすべきだといっている訳ではありません．疾病が始まった時期においては，いまよりもっと濃厚な治療を行っても，その価値はあります．社会復帰まで回復するチャンスがあるからです．しかし治療の甲斐なく十分に回復しなかった場合，それでも濃厚な治療を続けたとしたならば，死からは免れられる代わりに，寝たきりに近い状態で生き残る可能性も高くなります．わが国では，その辺の切り換えが鈍いのではないかと私は考えています．残酷な話ですが，寝たきりになるくらいなら死んだほうがましといえるケースは山のようにあります．あきらめず濃厚な治療をし続けて，奇跡的に回復する症例も稀にはあります．しかしそのような例外的ケースを追い求めて治療を続行する結果，寝たきり患者は増えていくのも事実です．

6. 日本は長寿国か？

　わが国の平均寿命は，2017年7月27日に厚生労働省が公表した統計では，女性が87.14歳，男性が80.98歳となり，共に世界第2位であると発表されました．平均寿命が長いということは素晴らしいことです．しかし，身体が不自由になってから死亡するまでの期間を見てみると，男性は2年弱，女性では何と4年強という統計が出されています．アメリカでは，ナーシングホームに入所してから死亡するまで1年くらいといわれています．したがってわが国は，世界有数の長命国ではあっても，国民が健康で長生きする国家，すなわち長寿国とは言い難いのです．

　寝たきりの老人を介護するのに，現代では介護保険という有難い制度が使えますので，月々40万円ほどの介護サービスが受けられます．すなわち寝たきり患者を世話するために，最低これくらいの費用が必要だということです．しかし費用はそれだけではありません．大なり小なり介護に携わる若い家族のコストパフォーマンスも加算しなければなりません．家族であるから当たり前であるといってしまえばそれまでですが，わが国はいま，生産人口の減少と戦っているのです．そのように考えると，生産人口が家族の介護をするため仕事を減らすとしたら，生産活動を犠牲にしているのですから，それも立派なコストと考えてよいと思います．

　寝たきりになることは，患者だけの悲劇ではなく，家族，さらには国家の悲劇にもつながるのです．

　現在の日本は長寿国ではなく，長命国への道を歩んでいると思います．こうなると，国家経済が破綻する危険もあり得るのです．いくら高

齢者が多くても，長寿国ならそれほど重荷にはならないのです．そんな訳で，ただの長命国ではなく，世界一の長寿国を目指さねばなりませんし，そうすることしかわが国の生きる道はないように思います．

7. 死ぬまでにお金は残っているか？

　人口の高齢化は思わぬ苦労を高齢者にもたらします．それはお金の問題です．退職後は，現役時代の平均手取り収入の 50％以上を年金という形で給付される訳ですが，現役時代にはあまり心配のなかった医療費や介護費がかかるようになってきます．高齢者夫婦 2 人の最低生活費は 1 か月で平均 27 万円といわれます．一方，年金は夫の厚生年金（16 万円）と妻の国民年金（7 万円）を合わせて 23 万円くらいで，1 か月で 4 万円の赤字ということになります．年金支給時の平均貯蓄は 2,346 万円という統計がありますが，老後に別収入がない場合は，ここから赤字分が持ち出されるということになるのです．単純計算してみると 50 年近くは大丈夫ということになります（年金制度が破綻しなければ）．しかし老後というのは，病気以外でもなにかとお金が要るものです．自分の持ち金が徐々に減っていくのは，あまり気持ちのよいものではありません．そして病気による入院，療養など，想定外の事態が生じた場合，10 年分くらいのお金が吹っ飛んでしまうこともあります．もしどこかの施設に入居することになったなら，貯金のすべてをはたいても足りないという危険性も出てきます．
　「そんなに長生きしたくない」とお話になる患者さんのなかにも，経済的な心配で長生きを嫌がる人もいるかもしれません．万一，予想外に長生きしたうえに，疾病などで予想外の出費が生じて，持ち金が底をつく期限が近づいてくるとしたら，それは恐怖以外の何者でもありません．もしそうなった場合，子どもや親類縁者に援助を乞うことになりますが，それもかなり難しいことになるとすると，後は生活保護を申請するしかありません．生活保護世帯は平成 17 年度において約 100 万世帯

で，2兆7千億円の補助が国から支払われています．そのうち半分以上が高齢世帯であり，高齢化の進行により生活保護費も増加していくことが予想されます．最近の統計では，150万世帯以上，200万人以上が受給対象になっています．生活保護制度は立派な制度であり，これがしっかり行われているわが国は一流国家であるといえますが，経済的に一流国家として留まれなくなれば，楽観できない状況に追い込まれるのではないかとも思います．

　お金の心配をせず，長生きして天国へ行きたいものですが，そのためには長患いしないことです．さもなければ死ぬまで稼ぐ努力をするべきです．もともと職業に就いたことのない女性は，いつまでも家事を続けることで，これはお金を稼ぐのと同等の意義があると思います．

8. 老後はゆっくり？

　わが国は世界で1,2位を争う高齢者国家です．高齢者というと，いままで十分頑張ってきて，これからは余生を楽しんでいこうという年代です．定年退職するまでに蓄えてきた貯金や年金で，悠々自適に暮らしていけるはずです．ところが以下に述べる2つの理由で，高齢者も，もうひと働きせしなければならないのです．
　1つ目の理由として，平均寿命の高齢化を考えなければなりません．昔は定年後10年くらいまでに死亡していましたが，現代は平均で20年以上生きていなければなりません．物心両面で枯渇する恐れがあります．よほどの趣味人でなければ20年間を有意義に暮らすことは難しいのではないかと思います．老後は子どもや孫の成長を眺めて暮らすというのも，少し建設的ではないような気がします．このような人は緊張感を失くし，疾病につけ込まれもします．定年退職した男性，あるいは子どもが巣離れして家事をしなくなった女性が，ガクッと病気になる，あるいは呆けるという話をよく耳にします．病気を遠ざけるためにも何らかの仕事は続けたほうがよいのです．
　2つ目の理由として，わが国の経済状態を考えなければなりません．これは1つ目の理由である人口の高齢化と密接に関連します．高齢人口の増加（年金，医療費など社会保障費の増加）および生産人口の減少（経済力の低下）により，国家としての赤字（公債）が増加していき，それが積もり積もれば国もさすがに高齢者の味方はできなくなるということになります．年金受給の年齢に達した高齢者が，年金だけで暮らしていけるように年金制度が考案されたのでしょうが，国に預けていたお金（年金）だけを当てにして老後のビジョンを組み立てるのはどうかと

思います.現在,生産人口：老年人口は 2.2：1 ですが,高度成長の時代は 7〜8：1 と圧倒的に生産人口が多くを占めました.だからこそ高度成長が成し遂げられたのです.もし現在の老年人口の半分が生産人口に回ったとしたならば,計算上は高度成長時代と同じ比率になります.高齢者に若いころのような活動力を望むのは酷ですが,高齢者が現役時代の半分か 3 分の 1 でも働ければ,巨大な戦力になることでしょう.不幸にも病気などで働けなくなった同年代の仲間たちの生活を支えるという気概で,働き続けてもらいたいものです.

9. 働かない老人でも尊敬される？

　昔は，おじいちゃん，おばあちゃんが孫の世話や教育をするのが常識でした．しかし現在では，高齢者が急増しているのにもかかわらず，孫のお守りをする高齢者の割合は昔と比較にならないくらい減っています．核家族化で同居することが少なくなってきているのが主因ですが，高齢者は老後の大切な仕事を失ったといえます．

　"超超"高齢社会において，高齢者は死ぬまで仕事をすべきだし，何らかの生産活動に携わることが大切だと思います．ボランティアでもよいのですが，数字に現れたほうが具体的でやる気も出るし，経済的にも活性化するので，少しでも賃金を稼ぐことができればと考えます．また，次の生産人口である子ども（年少人口）を訓育することは，賃金を稼ぐことにはなりませんが，重要な生産活動といえます．現代において高齢者より子どものほうが数字の上では貴重な存在であることは否定できません．極端なことをいえば，高齢者が減り，子どもが増えることが，経済の活性化につながるともいえます．それだけに子どもを教育することは自慢できる生産活動なのです．

　高齢あるいは病気であるのに，高齢者が頑張って生きていく姿をみせるのも教育の 1 つといえます．ところが最近の多くの高齢者は子どもから疎んじられる傾向にあります．その原因は，多くなりすぎた高齢者に希少価値がなくなったという要素も否定できないと思いますが，高齢者の働く姿を若い世代がみる機会が減ったことも挙げられます．働く姿とは，何らかの生産活動に携わること以外に，家庭生活を継続させるための戦力になることです．孫たちの子守でもよいのです．老人の地位を復権させるためには，老人が社会に貢献する努力（積極的姿勢）が必要なのです．

人口ピラミッドの変化

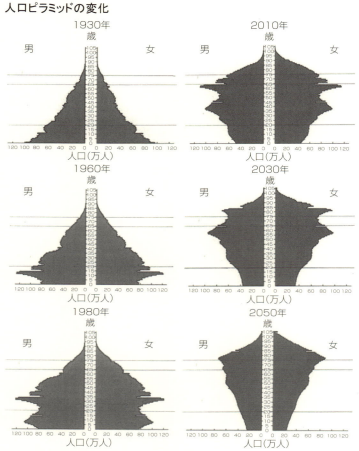

1930年の人口構成は年少者ほど多く，まさにピラミッドだが，徐々に少子高齢化が進み，ピラミッドでなくなっている．

最後の力！

働く（生産活動）　　孫の世話・教育

さぼっているど，お荷物になりますヨ

10. 親孝行は果たして美徳か？

　親孝行は果たして美徳なのでしょうか．答えはもちろんイエスです．親孝行な家族をみると，私は何だか心が休まります．親孝行など当然の行為なのに，よいものをみた気持ちになるのは，それがなかなか実行できない現状があるからかもしれません．30 年前は，高齢者が子どもと同居する割合が 7 割程度でした．多くの家庭におじいちゃん，おばあちゃんがいたのです．同居家族では，年寄りを重んじ，かばう習慣が根づいていました．ところが核家族化が急速に広まり，21 世紀に入ると同居率は 5 割を切り，現在では 4 割程度に低下してきています．核家族化のため，親孝行をするチャンスが減ってしまった訳です．

　親が歳を取っていき，介護が必要になってきたとします．昔なら，何の矛盾もなく同居している若い家族が介護することになります．たまたま親が独居であっても，子どもか親戚のだれかが世話にきたり引き取ったりしていました．しかし現在では，なかなかそのような訳にはいきません．子どもが遠くで生活していることもありますが，そもそも親の世話まで手が回らないのが実情と思われます．高齢者が急激に増えただけでなく，生産人口が減ってきているという社会背景が，重く若者にのしかかっているのです．仕事を減らして親の世話をすることになれば，ただでさえ減ってきている生産人口としての役割をさらに縮小させることにもなりかねません．

　現在では，先にも記したとおり，おおよそ生産人口 2 人で 1 人の高齢者を養わなければなりません．1960 年ごろは 10 人で 1 人の高齢者を養えばよかったのに対して，驚くほどの負担を強いられることになったといえます．いまの高齢者は元気ですから，多くの人は若い人の

世話になってないでしょうが，数字の上では生産人口の負担はいずれ5倍に達する見込みなのです．介護負担が5倍に増える訳ではありませんが，年金や医療費などの社会保障費は5倍に増えることになります．

　1960年ごろは，高齢者への保障は充分ではなく，子どもたちは"稀に長生きした親の世話をする"幸運を感じつつ親孝行をしたのでしょう．現代は働き盛りの時に，ほとんどの親は生きており，場合によっては介護という形で親孝行に突入していかなければなりません．その負担を軽減するため，社会保障制度がある訳ですが，現代の働き手は世の中の社会保障費を補充する義務も背負わされているのです．昔より親の面倒をみる確率が高く，さらに世間の高齢者の経済的援助もしなければならない立場にあるといえるのです．

11. ひとり暮らし，大丈夫か？

　少子高齢化と同様に，わが国で顕著になってきているのが核家族化です．昔は常識だった三世帯同居のような家族形態が激減しているのはご存知のとおりです．昭和 55 年では三世帯同居は 50%だったのに比べて，現在は 15%くらいに減ってきており，また，ひとり暮らしの高齢者も昭和 55 年では 10%だったのに現在では 25%くらいに増えています．同様に夫婦 2 人暮しも 16%から 30%くらいに増えてきています．この数字は，半数近くの高齢者が子どもと同居していないことを表しています．この傾向はこれからもますます進むと考えられることから，"超超"高齢社会の高齢者は 1 人で暮らす覚悟が必要となります．

　外へ出ていく子どもが薄情というのではなく，やはり時代背景がこのような家族形態を生んだのだと思います．いまの老人が子育てをしているころの日本は経済成長の真っ只中で，外に向けて発展することが日本国民全体のムードだったように思います．そのころ，親は子どもに対して「外へ羽ばたけ」と訓育していたわけで，「親の世話を第 1 に考えて」などという言葉は決して口にしなかったと思われます．ひとり暮らしの原因は老人にもあるのです．

　考えてみれば，介護保険というのは核家族化した高齢者を助ける手段，言うなれば，子どもの代わりに生活に困った高齢者を福祉が助ける制度で，われわれは老後のひとり暮らしに備えて介護保険を積み立てているのです．その点では年金と同じような制度なのです．

　国は外へ発展するという国策の代償として介護保険制度を編み出したわけですが，国が負担する介護保険サービス費用は平成 12 年（介護保険制度が発足した年）では 3.5 兆円だったのに対し，現在では 10 兆

円に達しています.さらに2025年には,20兆円が必要になるといわれています.それだけの財源をこれから国はひねり出せるのでしょうか.せっかく介護保険を積み立てても,将来介護サービスが回ってこない恐れもあります.それらを総合すると,"超超"高齢社会の高齢者は,子どもと離れずに暮らすのが得策といえるかもしれません.

12. 日本は赤字から脱却できるか？

　数字の上では，日本は世界一の赤字国です．それでもまだまだ大丈夫という楽観的意見もあります．日本の借金は日本のなかで留まっている，すなわち国が国民や国内の企業から借金している限りということで，それだけ日本国民や企業は優秀であるから，外国に劣ることはないので潰れないという意見です．日本国政府がダメでも，日本国民の余力はまだ十分ということです．日本の経済成長を引っ張ってきた産業や金融業界が土俵際で妙手を打って，経済回復の道筋を立ててくれるかもしれません．しかし大企業は海外進出，外貨獲得の名のもとに海外流出を急いでいるようにもみえます．残された日本国内の産業は枯渇するのではないかという不安もあります．

　それでも日本国民は優秀であり，十分に失地回復できるという誇りもあります．果たしてそうでしょうか．そもそも国の借金の多くは社会保障の増加の補填であり，これは高齢化という国民の事情によって発生した問題なのです．それを土壇場ではね返す力が国民に残されているかというと，生産人口は減り，急増する高齢者の多くは自分の老後の生活費を守るのが精一杯という状況に思えます．生産人口の前の年少人口は減ってきているだけでなく，昔のような危機感，気迫が欠如しているようにみえるのは私だけでしょうか．

　世界でも類をみない経済成長を成し遂げた優秀なはずの日本が，なぜ世界一の赤字国に陥るまで手をこまねいていたのでしょうか．これはここ最近の経済と医療・福祉の成長がアンバランスであったことに起因すると思います．すなわち，経済低迷の割に医療・福祉は拡大の一途を辿り，これを経済が支えられなくなってきたためなのです．経済の発展

が医療・福祉を成長させた過去の経緯とは異なり，経済と医療・福祉が「史上初めて」別々の方向へ動いているのが，巨大な赤字を生んだ原因だと考えます．患者のために少しでも長く健康，生命を支えるのが医師の役目ですが，経済をまったく無視した医療は，以上のような背景から，大局に立っているのかどうか疑問です．経済と医療・福祉が同じ歩みをしてこそ，健全な国家であると思います．

国民総生産の割に医療・福祉への
費用が増えすぎるのは考えもの？

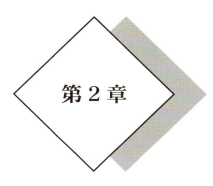

"超超"高齢社会の養生訓

晩年の生き方とは？

1. 仕事をしないと呆ける

"超超"高齢社会でいちばん問題になる病気は認知症かもしれません．認知症は初老期から老年期に発症します．男性なら会社を定年した後で，半生を賭けてきた仕事がなくなった時期にあたります．女性なら子育てが終わった時期あるいは夫が亡くなって世話をする対象がいなくなった時期にあたります．いずれも"何としてもやらなければならない"職務を失ったことが認知症の引き金になるのだと思います．心にぽっかりと空いた空虚感に認知症が忍び込むのです．

このような事例を多くみてきていますから，私は男性には，定年になったといってなにもしないというのではなく「何か仕事を探すよう」，夫を亡くした女性には「呆ける心配があるから，これからは遊ぶように」と忠告します．男は仕事，女は子どもや夫の世話を含む家事が自分の人生の存在意義であるケースが多いのです．これらは嫌でも続けなければならない義務だったのです．これらから解放されたことにより，ホッとする気持ちの反面，その空いた空間を埋める術を知らない人が多いのはよくあることだと思います．男性なら背広や作業着を着て出かけること，女性ならきちんと家族のために食事を作ることが人生の義務の 1 つだったのです．それがなくなることは大変なことなのです．認知症予防には前頭葉の強化が大切だといわれており，それを鍛えるためには，なにか目標を設定して，それを達成する努力をすることなのです．現役のころは，嫌でも仕事や家事があり，それをこなして 1 日を終えていた訳です．現役を退いても，毎日何らかの課題をもって暮らすことが大切です．

まずは何らかの形で現役を続けることを心がけましょう．それがで

きないのならば，自分から課題を探しましょう．こちらのほうが，骨が折れるかもしれませんが，ちょっとした仕事でよいのです．現役の時の仕事と共通した内容の作業を続ける，家事の手伝いをする，趣味やサークルのメンバーとして活動するなど，"自分は社会に必要"という自負をもつことが大切なのです．社会の一員で居続けることが素晴らしいのです．もう 1 つ，その延長として，高齢者がお金を稼ぐことは大切なことだと思います．お金を稼ぐからにはしっかりと義務を果たさなければならないし，社会の一員にもどった気持ちになれるのです．認知症予防のために，現役にこだわってください．

■引退後に呆けたマーガレット・サッチャー

　イギリス初の女性首相．保守的かつ強硬な政治姿勢は，「鉄の女」とよばれるほどでした．苛烈な経済改革で，イギリス経済を再生に導きました．またフォークランド紛争において，妥協を許さぬ外交姿勢を示し，アルゼンチン軍をフォークランド島から放逐しました．男性顔負けの果敢さです．

　1979 年から 11 年の長きにわたり首相を務めたサッチャーは 1990 年に退位し，重責から解放されました．その後 2 年間は議員を続けますが，1992 年からはほぼ名誉職のみになりました．その時が 67 歳でした．そしてその数年後にサッチャーを襲ったのがアルツハイマー病です．長女の話によると，2000 年（74 歳）ごろから記憶力の減退が徐々に進み，2008 年には首相時代のでき事も十分に思い出せないほどに進行してしまったそうです．

　アルツハイマー病では，記憶障害は近時記憶（数分〜数時間前の記憶）がいちばん最初に冒され，次に即時記憶（直前の記憶），最後まで残されるのが遠隔記憶（昔覚えた記憶）です．した

がって，2008年時点のサッチャーの記憶障害は遠隔記憶まで達しており，かなり進行していたことを意味しています．それでもサッチャーは生き続けましたが，2013年に脳卒中のため87歳で亡くなるのです．

　サッチャーは，現役を引退して約7〜8年で呆け始めたわけですが，それはなぜだったのでしょう．その理由は，「やる事がなくなった」からです．それまで命を削るように首相の職をこなしてきた彼女にとって，引退後の生活は安楽ではあっても，物足りなさがあったはずです．老後に呆ける高齢者の特徴は，ヒマで行く所がない人です．趣味，老人会，ボランティア，孫のお守りなど行く場所を見つける必要があるのです．サッチャーくらい偉くなると，そう簡単に出かけられなくなるのかもしれません．政治の仕事にしがみつくことも，プライドが許さなかったのでしょう．よく会社の社長（会長）が呆けかかってきて，それでも社長を続けるため，会社が傾いてしまうという話を聞きますが，医学的にはそれでも社長を続けたほうがよい場合が多いのです．社長を辞めると，いっぺんに呆けてしまうからです．

　われわれからすると，老害に思えるくらいの政治家はたくさんいます．しかし彼らは結果的に政治家を続けているから呆けないのだと思います．「国家の行く末を預かる」という自負と緊張感が彼らを呆けさせないのです．サッチャーは首相時代，妥協することなく職務をこなしたことでしょう．このような几帳面な人ほど呆けやすいことも確かです．また潔癖な彼女は，首相にまでなった自分が政治の世界でダラダラ居続けるのは潔しとしなかったのかもしれません．惜しまれて政界を引退し，緊張感がなくなった時，彼女に「呆けるヒマ」ができたのです．あまり出世せず下のほうで長く生き残るほうが，体と頭にはよいのかもしれません．

仕事にしがみつくのも大切

　「散り際を格好よく」とだれしも念じているはずです．しかしサッチャーの晩年をみると，あまりアッサリ仕事を手放すと，後で後悔するような事態も起こりかねないという気になってきます．

　定年退職の年齢は，一般的には 60～65 歳です．昔はそれから 10 年くらいで世を去るわけですから，適当な老後の期間であるといえました．しかし現在では，生存期間がさらに 10 年延びて 20 年の隠居生活が待っています．20 年は長すぎるのかなとも思います．このような長い隠居生活をエンジョイできる趣味の多い日本人は稀といえるでしょう．気質的には日本人と似た匂いのするサッチャーも，少し隠居生活が長すぎたといえます．引退後 7～8 年で呆け始め，21 年で死去したのですから，結果論として 10 年くらい引退を遅らすことができればよかったのかなとも思います．

　現在の日本経済も，高齢者を安らかに保護する余裕はないと思われます．現にわが国には 1,000 兆円以上の赤字があり，その主因は年金などの社会保障費の膨張のためなのです．日本の財政赤字をサッチャーの早すぎる引退のせいにするつもりはありませんが，高齢化が進んだ国家では，高齢者ももう少し社会の戦力に留める必要があるというのは，無理な願いでしょうか．

　現にサッチャーのように早すぎる引退が病気を引き込む場合も多く，自分のためにも，もう少し長く政治家を続けたほうがよかったと思わざるを得ません．いつまでも君臨することで害を撒き散らす経営者，独裁者も散見されますが，適当に緊張感を保てる仕事を持ち続けることは，社会（会社）のためにも本人

のためにも有意義な選択であると思います．

　昨今わが国では，消費税を 8%から 10%に上げる上げないで紛糾していますが，サッチャーは消費税を 8%から一気に 15%に上げてしまいました．結果的に，この決断は貧困層を追い詰めることになるのですが，サッチャーは「金持ちを貧乏にしても，貧乏人が金持ちにはなれない」と言い放ちました．思っていても口に出してはいけない言葉を発してしまう政治家である彼女は，自己の主張に殉じて政策を展開し，政界を引退しました．「鉄の女」の面目躍如なのでしょうが，晩年呆けてしまってはいけません．いろいろと難しい面もあるのでしょうが，せっかく築き上げたキャリアを武器に，政界をもうしばらく遊泳するのも一策であったかもしれません．

2. 現代はメタボで病気が起こる

　メタボリック症候群（メタボ）は、"内臓脂肪型肥満のため、高血圧、糖尿病、脂質異常症などの成人病が引き起こされ、動脈硬化が進行し、血管障害につながる病態"を指します．血管障害が脳で起きれば脳卒中、心臓で起きれば狭心症や心筋梗塞、腎臓で起きれば腎不全など、血管障害が起こる場所により疾患が異なるため、症候群というのです．また内臓脂肪は動脈硬化ばかりか、血栓症、不整脈、癌の要因にもなるといわれています．メタボは万病の元という訳です．
　現代は栄養過多の時代といえます．昔は栄養失調で病気が起こりましたが、現代では栄養過多が病気を引き起こします．その代表が内臓脂肪によるメタボで、現代病の多くがメタボと関係しているのです．内臓脂肪は加齢とともに溜まりやすくなります．したがってメタボは高齢者の敵といえ、"超超"高齢社会ではますます留意しなければならない概念であると考えます．
　内臓脂肪が増加していって、ついにはどこかに血管障害が起こったとします．その間に20年あったとしたらならば、"20年かけて崖っぷちまで到達して、転落する"のと同じだともいえます．その間に、少しでも崖に近づかぬよう努力すれば、転落することも防げるわけです．努力を怠れば、崖に近づいてしまうことが予想されるのにもかかわらず、努力をしないのは、「緩徐な自殺」といえなくもありません．
　内臓脂肪は有酸素運動で減らすことができます．努力の末に内臓脂肪が減った高齢者は寿命が伸びたと考えてよいと思います．寿命が伸びただけでなく、それだけ努力したのですから、脚力、気力も向上していることでしょう．"超超"高齢社会にとって望ましいことです．よくな

らない患者には釘を刺さなければなりません．緩徐でも自殺は見過ごすわけにはいきませんから．

■西郷隆盛のメタボリック症候群

　西郷隆盛は，明治維新における最大の英雄といえるでしょう．「敬天愛人」の思想のもとに計り知れない度量で人や事にあたり，その人間的迫力は接する者を魅了せずにはいられませんでした．日本という器からはみ出るような人間的スケールをもった人物でした．

　西郷隆盛は，明治新政府において，征韓論に破れて故郷の薩摩に帰り，不平士族に担がれる形で西南戦争を起こし，これに敗れ，51年の生涯を閉じました．「敬天愛人」の西郷がどうして朝鮮制圧を主張したかには，やや矛盾を感じます．これには彼の生涯で唯一無二の師匠である薩摩藩主，島津斉彬の生前の政略が強く影響しているといわれています．その当時としては珍しく，世界の情勢を把握できていた島津斉彬は，他のアジア諸国のように日本も早晩に欧米列強の支配下に陥ると危惧していました．それならば，日本から朝鮮，中国へ進出して行き，そこで欧米，特にロシアの侵攻を阻止しようと考えた訳です．西郷は，日本の最高指導者の立場におかれた時，不平士族のエネルギーの矛先を向けるという目的も兼ねて，先君の教えを実践しようとしたのです．

　さらに西郷を征韓論に走らせた要因として，彼がもともと抱いていた希死願望も強く作用したと考えられます．彼にとって絶対の君主である島津斉彬を亡くした時から，彼は斉彬に殉死したい気持ちが強かったのでしょう．西郷は死に場所を求めて，明治維新の快挙を成し遂げていったのです．死ぬことを恐れない英雄に恐い

物はありません．しかし新政府において彼の希望（征韓論）は退けられました．死場所をまたも失ったのです．だから彼にとって西南戦争で敗れて死ぬことは，それほど無念ではなかったのではないでしょうか．

　西郷は死ぬことを恐れていませんでした．そのような男が，厳しい体調管理をしていたはずがありません．彼の肥満の体型は，だれもが知っているところですが，持って生まれた体質以外に，以上のような希死願望の副産物であると想像できます．彼はどうみてもメタボリック症候群だったのです．メタボリック症候群は動脈硬化を悪化させ寿命を縮めますが，その前に西郷は西南の役で戦死してしまったのです．

西郷がめざした緩徐な自殺

　西郷隆盛は積極的に自殺しようとまではいきませんが，どのようになってもかまわないという緩徐な自殺の道を選んだのでしょう．しかし征韓論に向けて体調を整えるため，一時期彼は養生に励みました．彼が西洋医に指導された第1は運動でした．彼は足繁く，愛犬を連れて狩に出かけたそうです．メタボリック症候群において内臓脂肪を減らすためには，昔も今も有酸素運動が必要なのです．ただひたすら散歩すればよいのです．西郷は一時的にこれを行いました．長寿のためでなく，悲願達成のためにです．彼は征韓論に破れて下野しますが，その後同様な精進を続けたとは思えません．4年後，西南戦争で戦死することになりますが，戦争を生き延びたとしても，メタボリック症候群のため，まもなく

病死したと思われます．

　現代において，メタボリック症候群といわれながらも運動せず，目の前に現れたご馳走を節制することなく食べ尽くしてしまうような人々は，緩徐な自殺を敢行しているのです．"わかっちゃいるけど止められない"という自暴自棄な気持ちが寿命を縮めるのです．現代人も積極的に有酸素運動を行うべきです．メタボリック症候群を指摘されても有酸素運動をしない人は，いうなれば西郷隆盛と同じです．西郷は死を求めていたのです．メタボリック症候群の現代人は，背景は異なるものの，死に向かって突き進んだ西郷と同じなのです．

　内臓脂肪の原因は過食・運動不足とストレスであり，これらは現代人が常に曝されかねない危険因子といえます．西郷隆盛の時代より，現代のほうが緩徐な自殺はできやすいといえます．

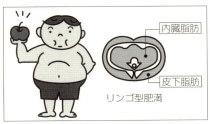
内臓脂肪型肥満（メタボ）に注意！

3. だれでも呆ける，動けなくなる

　加齢の影響を最も受け受けやすい脳は大脳です．大脳は脳のなかで最も高等な役割を果たします．高等な機械が壊れやすいのと同じで，大脳も勤続疲労を起こしやすいのです．大脳の機能が徐々に落ちていくのは，だれもが避けられない加齢現象なのです．
　大脳は内部の大脳基底核と表面の大脳皮質に分けられ，大雑把にいうと大脳基底核は運動を，大脳皮質は知能を司ります．大脳基底核の病変の代表がパーキンソン病，大脳皮質の病変の代表がアルツハイマー病です．ともに加齢により起こりやすくなります．パーキンソン病で動きにくくなり，アルツハイマー病で認知症となることはご存知だと思います．加齢に伴い，だれでも大脳の神経細胞は減少するのですが，その程度は人によって異なり，程度が強いとパーキンソン病あるいはアルツハイマー病と診断されることになるのです．
　また脳動脈硬化も加齢により進行するため，脳へ送られる血流が低下します．大脳基底核への血流が低下すれば運動機能が低下し，大脳全体の血流が低下すれば認知機能も低下します．これは脳軟化症（脳動脈硬化症）とよばれます．要するに，アルツハイマー病，パーキンソン病，脳軟化症などは老化の先に現れる疾患であり，だれでも年を取ると大なり小なり現れるといった老化現象で，免れる術はありません．
　これを少しでも先延ばしするのが老年期の養生の第1なのです．この決め手が運動であると思います．私は高齢の患者さんに，「年を取るほど体の手入れに手間ひまをかけて」と指導します．"超超"高齢社会では多少の呆けや運動障害にへこたれていてはいけません．このような心身の老化とも上手に付き合う工夫が必要です．

■中国の行方を狂わせた毛沢東のパーキンソン病

　毛沢東が東洋で最も有名な偉人の 1 人であるいうことに異論はないと思います．中国共産党の指導者として，第 2 次世界大戦では抗日戦争を指揮．そして中国大陸から日本軍を一掃した後は，蒋介石の国民党との内戦にも勝利し，中華人民共和国を樹立しました．清朝以来分裂していた中国を統一したばかりでなく，共産主義の思想のもとに中国人民を束ねてしまったのです．

　これほど偉大な毛沢東に賛否両論があるのは，彼が政治家というより思想家であるがゆえに失政を重ねた点がまず挙げられると思います．13 億人からの国家を率いるには，理想論だけでは不十分なのです．白猫でも黒猫でも役に立てば尊いとする鄧小平のような実践的政治が必要だったといえます．

　もう 1 つ，毛沢東に批判が集まるのが晩年の体たらくです．妻である江青や四人組の暴走を抑えられないほど心身ともに衰弱していたにもかかわらず，政治の表舞台に居残ったことに対する批判はやはり免れないでしょう．認知症を患っていたとしか思えないのです．

　晩年の毛沢東は，パーキンソン病に侵されていたといわれています．パーキンソン病は大脳基底核においてドパミンという神経伝達物質が枯渇し，体動のスムーズさが失われる脳疾患です．大脳基底核に作用するドパミンが不足することは，機械の潤滑油が切れるようなもので，動きがぎこちなくなってしまいます．若かりしころ，10,000 キロ以上の長征（大移動）を果たした毛沢東も，この疾患により動けない老人に変貌したのです．

　さらに晩年において，彼は運動能力ばかりでなく判断能力をも失ったようです．数々の失政や四人組の擁護は，頭のシャープなころの毛沢東では考えられません．おそらく大脳皮質も相当に低下

していたのでしょう．

　83歳で死去するまで，毛沢東は中国の国家主席として君臨しました．パーキンソン病ばかりではなく，認知症を患いながら中国国民をリードした訳です．

　10億人を超す国民の運命を左右するには，彼の運動機能と認知機能（判断力）はあまりにも低下していたといわざるを得ません．その結果が現在の中国の混迷を招いたといっても過言ではないでしょう．

カリスマの末路

　毛沢東の悲惨な晩年について私が思うのは，カリスマの孤独という点です．彼は自らの理想を追い求めるあまり，それに相容れない政策を徹底的に排斥していきました．自分より政治的能力が上であったろう劉少奇，林彪，周恩来，鄧小平らに実務を任せることはせず，自らの理想に反する場合は彼らをも糾弾，除外しました．思考に柔軟性を欠いていたといわざるを得ません．その都度，彼のカリスマ性が民衆などの支持を得て生き残りはしましたが，孤立の度も深めていったのでしょう．結局残ったのは，カリスマゆえの孤独だったのではないでしょうか．

　これは現代社会の会社組織にも当てはまることだと思います．裸の王様である社長に忠告する部下は傍にいなくなり，イエスマンのみが生き残ります．気がついたら取り返しがつかない危機が目前に迫っています．そのような事態になっても，カリスマはSOSを発することができないのです．「出さないのか」「出せないのか」，

いたずらに時を経るうちに，収拾のつかない状況にまで陥ってしまいます．貧すれば鈍するで，後に残った凡庸な部下の愚策を採用せざるを得ません．最晩年の毛沢東は愚策を実行しようとする部下の盾になるだけで，これを否定，訂正する能力は残していなかったのでしょう．彼を補佐し，孤独を癒す友はすでに消え去っていたのです．

　毛沢東の半生は，自分が達成しようとした高邁な理想と現実と

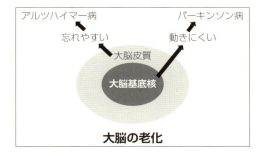

の戦いであったといえます．超一流の思想家でも（超一流の思想家であったがゆえに），二流の実務家だったのではないでしょうか．晩年は，単なる生理的老化でなく，パーキンソン病などの病的老化が追い討ちをかけます．空前絶後の歴史的大革命を成し遂げた彼に残されたのは，動けぬ身体と働かぬ脳であったのでしょう．彼が世に広めた思想と現実との隔たりを埋めることは，年老いた毛沢東には到底不可能でした．あまりに巨大なカリスマであるがゆえに，だれも面と向かって彼を批判することはできなかっただけでなく，彼自身もその虚像を脱ぎ捨てることができなかったのでしょう．彼が長く生きれば生きるほど中国の将来は暗いものになっていくという矛盾に満ちた背景のなかで，彼は 83 歳でやっと永久の眠りにつきます．

4. ぴんぴんころり

　「ぴんぴんころり」という言葉が日本各地でささやかれています．老後，できる限り長く元気でいて，病気になったらアッと言う間に天国へ行くということです．これが実現できれば，老後の予想外の出費はかからずにすみます．高齢者の大半は「ぴんぴんころり」を望んでいるようです．

　たとえ手遅れの癌になったとしても，在宅復帰のための抗癌治療などをしてもらい，できる限り自宅での生活を送り，再び病院に戻らねばならない時は，尊厳死させてもらうというのも，広い意味での「ぴんぴんころり」かもしれません．癌と死因の双璧をなす血管障害（心臓病と脳卒中）は，突然に血管が破れるかつまるかして起こる病気ですから，「ぴんぴんころり」のチャンスはあります．できる限り血管を長持ちさせて，パッとあまり苦しまず死んでいくのが理想といえます．しかし運が悪いと，"途中で止まってしまい"，寝たきりになる危険も含みます．われわれ医者は，動脈硬化が進行しないように患者さんを指導し，血管障害が起こる時期を遅らせることはできますが，最後に「ぴんぴんころり」となるか寝たきりになるかは，はっきりいって予測できません．

　私は患者に"老後はちょっと無理して運動するよう"指導します．あまり体を労わっては，坐りきりや寝たきりになる危険が増えるからです．そうなると，なかなか天国には行けなくなります．少々無理しなければ「ぴんぴんころり」は訪れません．

　「ぴんぴんころり」が老後の財政の鍵になるのも確かです．老後，病で寝たり起きたりする生活を送ることは，本人の苦痛だけでなく周りへの迷惑にもなります．そればかりでなく，"老後のお金は大丈夫

か？"という経済的見地から考えてみても，いかに長患いせず天国へ行くかが重要となります．平均寿命は大体 85 歳ぐらいですから，老後は約 20 年です．その間，長患いをしなければ，かなり贅沢をして毎月 10 万円の赤字だったとしても，20 年間で 2,400 万円です．これは定年時の平均貯金額とほぼ同額です．大病をすると，そのような訳にはいきません．いかに「ぴんぴんころり」を実現するかが経済的にも老後の課題といえます．

■徳川家康はぴんぴんころり

　長年続いた戦国時代を完結させた江戸幕府の始祖．戦国三英傑のしんがりとして，ついに天下をわがものにしました．徳川家康が織田信長，豊臣秀吉に代わって安定政権を築けたのはなぜだったのでしょう．それは長寿を得たからです．人生 50 年の時代に，家康は 74 歳まで元気でいることができました．しかも亡くなる年まで鷹狩りをするほど元気だったのです．食あたりが元の老衰死で，発病して死亡するまで 3 か月弱だったそうです．理想的な逝き方で，まさに"ぴんぴんころり"でした．

　家康は，信長，秀吉に比べて慎重な生き方をしたといえます．そのため他の 2 人より人気がないのは否めませんが，その分長生きができました．彼の伝記を読むと，徹底的な自己管理をしていたようです．信長は暗殺されたのでわかりませんが，秀吉の晩年の体たらくをみると，家康がいかに節制していたかがわかります．食うか食われるかの戦国時代において，身体の節制を明確に意識していた家康は，とても珍しい存在といえます．家康が長寿をもって天下を取ろうと作戦していたとすれば，当時最も高等な戦術だったともいえます．自ら薬草を煎じ，大食を禁じ，鷹狩りな

どの運動を励行した家康は，他の 2 人が世を去るのをじっと待っていたという訳です．家康は秀吉が世を去ってから，20 年近くも生きることができました．弓矢で彼らから天下を奪おうとせず，健康で勝負したのです．

　家康は，死去する前年に，自らが陣頭指揮して大阪まで遠征し，豊臣家の息の根を止めました．まさにスーパー老人です．現代なら，100 歳の総理大臣が，政治改革を断行するようなものです．そして翌年，文字どおり大往生を遂げるのですが，3 か月弱の寝たきり期間でした．それも単なる寝たきりではなく，死ぬまでの間に，自分の死後の指示をいろいろとして逝ったそうです．3 か月弱という期間は短すぎることもなく，長すぎることもありません．老人の死を考えた場合，1 年以上も寝たきりの末に死んでいくのか，その日まで元気だったのにポックリ死んでしまうのか，どちらが好ましいかというと，大体の老人は後者を選ぶでしょう．家族にしても，余りに突然の死は当初呆然とはするでしょうが，長すぎる介護を強いられるよりは客観的にみて良しとするでしょう．

　家康は，現代の高齢化問題を 400 年前に解決するような晩年をすごしました．長生きしたからこそ家康の経験は，年の功として発揮されたのです．そして宿願を達成した直後に，"ぴんぴんころり" と旅立ったのです．いかに年を取っても目標をもって行動し，棺桶に入る直前まで世の中の役に立つため働く（運動する）よう心がけて，周りに迷惑をかけず天国へ行くのが現代老人の理想形です．家康は，その究極の形を示しました．「長生きした者が，最期には勝利する」を実践した男の見事な死に様であったと評価したいです．

一富士, 二鷹, 三茄子

　徳川家康が好んだ物として,「一富士, 二鷹, 三茄子」が伝えられています. 首都の江戸から家康が隠居した先は駿河（現在の静岡県）でした. そこで家康は,「富士, 鷹, 茄子」を楽しんだ訳です.

　駿河は気候温暖な地域で, 生まれ故郷に近く, 江戸から離れて政治のストレスから逃れることができました. もっとも政治の重要事項は家康が大御所として中央へ遠隔指示していたので, 適度に緊張感を保つことができたようです. このような生活環境は心身の健康維持のためにもってこいです. きっと隠居後の家康に自律神経失調症, 動脈硬化症, 認知症はなかったでしょう. さらにこの地で, 家康が愛した「富士, 鷹, 茄子」が彼をどのように健康にしたかを医学的に検証してみます.

　駿河において富士山はこの地域の象徴であり, 家康もそびえ立つ富士を愛し, これを眺めて感慨にふけったことでしょう. 富士山麓まで遠出をして, 四季折々の富士を楽しんだことでしょう. 美しい物を超然として眺め, 時折その近くまで旅行する, そして四季の移り変わりを肌で感じることは, 右脳を鍛える行為です. 右脳が衰えると認知症や自律神経失調症になりやすいのです. 適度に右脳を動かして, ストレスが溜まらぬように心がけなければなりません. 富士山は家康の右脳を鍛えたのでしょう.

　「鷹」は鷹狩りを意味し, 家康はこれを好みました. 鷹狩りは現代でいうゴルフのような感覚のスポーツだったのです. 馬に乗って猟をするのですが, 当然野山を歩くこともありますし, 乗馬自体かなりの運動になります. よく高齢になってゴルフへ行く気がしないという老人がいますが, 億劫でも行動を起こすことが大

切です．スポーツなどの行事のために外出することは，やる気，実行力を高めます．脳のなかで，この働きを司るのは前頭葉です．また運動も主に前頭葉が指令します．鷹狩りは，足腰の鍛錬の他に，家康の前頭葉も鍛えていたのでしょう．

　最後に「茄子」ですが，家康はこれが大好物だったそうです．栄養価は決して高くなく，質素な食事を好んだ家康らしい食べ物です．太り気味だった家康にとっては，カロリーの少ない茄子は好都合でした．いくら食べても水分ばかりという感じです．しかし茄子にはナスニンというポリフェノールが含まれます．ポリフェノールは植物の葉，花，皮に含まれる成分で，抗酸化物質の一つとして知られています．老化などで生じる活性酸素を退治します．お茶やワインに含まれるカテキン，タンニンなども同類です．家康は茄子のポリフェノールにより癌や動脈硬化から身を守ったことになります．そういえば，静岡県はお茶の名産地でもあり，お茶のカテキンが癌を予防することはよく知られています．

　考えてみれば，家康は信長や秀吉よりずっとストレスの多い生活を余儀なくされてきました．幼少時，今川家の人質として暮らし，三河で独立した後も，尊大な信長の顔色をうかがって領土を守りました．信長の命令で，長男を自刃させたという悲劇も味わっています．

　信長は天衣無縫，およそストレスとは無縁の精神構造をもっていたようです．信長が暗殺され，今度は秀吉の軍配に下ることになります．はるかに格下の秀吉に天下を譲ったことになります．秀吉は素性もわからない貧民の出であり，失う物はなにもありません．奇跡的な立身出世の上り坂のなかで，それなりのストレスは受けたでしょうが，ゼロからの出発なのだから気楽な面もあったに違いありません．やはり家康がいちばん抑制されて生きてきたと考えられます．

そのような過程で，家康は自己の健康への配慮を人一倍するようになり，またストレスに強い体質を構築していったとも思えます．富士山を眺めて心を鎮め，無心で鷹狩りをしてストレスを発散し，体の毒(活性酸素)を落とす効果のある茄子をムシャムシャと食べたのは，長年のストレス生活のなかで編み出した対応法だっ

一読　"一日一度は本を開いて知識を得よう" という意味。
　　　左脳と前頭葉の活性化！！

十笑　一日10回大笑いすること。
　　　笑うことで免疫力アップ！！

百呼　吸うことより吐くことが大切。
　　　副交感神経が活発になる！！
　　　1秒吸って10秒吐く感じ。

千字　1日1000字くらいは書く習慣を。
　　　何を書くかを決めるのに前頭葉が活性化。
　　　写経なら脳内にセロトニンが分泌されて、心が穏やかに！！

万歩　1日10000歩をめざして！！
　　　足の血流が増えると、前頭葉も活性化される。
　　　さら内臓脂肪の減少、骨の強化、免疫力の向上、
　　　など効能は多彩！！

たのではないでしょうか．

　長寿を全うして"ぴんぴんころり"と旅立つ人たちには,「一富士，二鷹，三茄子」的な養生訓があるものです．われわれも早く"ぴんぴんころり"への養生訓を編み出すようにしたいものです．

ぴんぴんと 動いてころりの 時を待つ

5. もくもくワクワク

　"超超"高齢社会では，ますます認知症が重要な問題になってきます．現在わが国では認知症が500万人近くいるといわれています．これは高齢者の6人に1人ということになります．"超超"高齢社会になると，4〜5人に1人という時代になります．認知症をオバケのように怖がってはいけないと覚悟する一方，できれば避けて通りたい関門でもあります．私は認知症予防のため「もくもくワクワク」を勧めていますが，簡単にその内容を説明します．

　認知症で決め手になる脳は，大脳辺縁系と前頭葉と考えています．大脳辺縁系はストレスにとても弱い脳で，ストレスが溜まると神経細胞がどんどん死滅していきます．これがアルツハイマー病の始まりです．「もくもく」とは，1つの事をあきらめずに継続・努力しているうちに生まれる"脳のモード"です．「もくもく」モードが，ストレスによって疲れ果てた大脳辺縁系を鎮めます．

　一方，「ワクワク」とは，日常あまり味わえない特別な事を楽しんでいる，あるいはその日まで楽しみに待っている時の心境です．また努力の末に目標を成し遂げた時の達成感や発見も，「ワクワク」を起こします．「ワクワク」モードになると，脳全体が一致団結して目標に向かうことから，脳全体が一段階レベルアップします．

　脳全体が一致団結するためには，リーダーがいなくてはなりません．それが前頭葉なのです．前頭葉がダメになったら，脳全体の足並みはそろわずレベルダウンしていきます．前頭葉を活性化させる合言葉が「ワクワク」です．「ワクワク」により，気力や意欲が向上します．いくら忘れても，それを取り戻そうとする意欲があるうちは大丈夫なのです．

以上のように,「もくもく」と「ワクワク」を意識して訓練していれば,脳はかなり活性化されます.「もくもくワクワク」を"超超"高齢社会の合言葉にしてみましょう.

■ピカソが長寿を成し遂げた理由

20世紀最大の画家ピカソは,膨大な作品を世に残しただけでなく,92歳という長寿を全うしました.早世した画家の数少ない作品が,後に高い評価を得るのは理解できますが,パブロ・ピカソの残した作品は10万点以上です.史上最高の多産な芸術家といえます.多産にもかかわらず彼の作品が珍重されることに,私は最も驚かされます.彼の圧倒的な底力,カリスマ性は他の追随を許しません.

ピカソは作風をよく変える画家です.「青の時代」から始まり,「キュビスム(立体派)」などを経て,「新古典主義」に回帰し,「シュルレアリスムの時代」,そして「新表現主義」の幕を開けました.各時代ごとに作風がガラッと変わり,信奉者を驚愕,失望させましたが,彼はそれを意に介さず,わが道を進みました.持って生まれたボヘミアン気質がそうさせたのでしょうが,良く言えば柔軟,悪く言えば節操のない芸術活動を展開しました.人が自分になにを期待しているかなど気にする必要のない天才だったのでしょう.そして新しい作風の大抵が,民衆の心を引きつけました.彼は若くして(40歳前には)名声を確立しましたが,その名声に縛られることなく,自由奔放に創作活動を展開したのです.

他の芸術家にもみられる傾向ですが,ピカソも相当な女性好きで,数々の女性と浮名を流しました.正式な結婚は2度ですが,彼の人生は出会いと別れの繰り返しだったといってよいでしょ

う．ピカソが最後の結婚をするのは，何と80歳の時でした．

　女性には失礼ですが，作風をコロコロ変えるように恋愛相手も取り替えたのです．創作活動以外の時間は，1人ではいられない性格で，彼は絶えずなにかを求めて外へ出向いたのです．一定の作風を貫くこと，同じ場所に留まること，1人の女性と添い遂げることは，彼のライフスタイルではなかったようですし，万事に変節することで彼は生きるエネルギーを得ていったのでしょう．

　80歳で結婚しておいて，晩年とは言い難いですが，さすがのピカソもそのころから，あまり人に会わなくなったようです．自宅（城ですが）にこもって，ひたすら創作に打ち込んだのです．打ち込んだといっても，ピカソの場合，"余命を創作に傾ける"といったような切迫した風情は伝わってきません．呼吸をするかのように，毎日の生活を創作に費やしただけでしょう．亡くなる前日まで元気に仕事をしていて，その翌朝に心不全のような発作で急逝したのです．彼の3つの城には実に39,000点の作品が残されていたといいます．彼が"暇つぶし"のように描き遺した作品がどれも高額で売れたのですから，最後の妻であるジャクリーヌには天文学的な遺産が残されたことになります．ジャクリーヌ未亡人は，その後自殺することになりますが，それも納得できます．

　以上，稀代の芸術家パブロ・ピカソの生涯をまとめると，変節・量産・長寿に集約できると思います．頻回に作風や付き合う女性を変えることでワクワクし，その他の時間はもくもくと作品に没頭したのです．傑作が出来上がっていく過程はワクワクもしたことでしょう．「ワクワク」と「もくもく」が見事に融合し，長寿が達成されたのです．

　ピカソは周りの人ばかりか，世間をも翻弄した人騒がせな天才だったといえますが，幸福で見事な晩年だったと評価できると思います．

ピカソのもくもくワクワク

　ピカソは 92 歳まで社会の最先端を走り，死の前日まで創作活動を続け，まさに"ぴんぴんころり"で死亡しました．なにかとお騒がせの人生だったでしょうが，最後は見事に閉めたといえます．彼の長寿の秘密には，先に述べた変節，量産が関連したように思えます．以下に，その医学的理由を述べたいと思います．

　長寿を得るには，ストレスへの対応が大切です．私なりに，ピカソがいかにストレスを軽減させたかを考察します．ストレスにより，脳内にノルアドレナリン，ドパミン，セロトニンという脳内物質が分泌されます．ノルアドレナリンが多く分泌されれば，不安，怒りの感情が起こり，心身によくない影響を与えます．これに対して，ドパミンが多く分泌されれば，ストレスを力に換える快感という感情が生じます．ドパミンはワクワクする気持ちをもつことで分泌されるといわれています．美味しい料理を味わう，旅行に出る，魅力あふれる異性と会うなどの特別な出来事で生じるのです．ピカソは創作以外の時間は 1 人でじっとしていることができず，上に述べたワクワクする瞬間を求めて彷徨ったのでしょう．満足を知ることなく女性を変え，作風も変えていったのでしょう．すなわちピカソには変節が必要だったのです．このような精神状態において，ドパミンはどんどん分泌されます．これが 1 つのストレスへの対応法です．

　現代社会ではストレスを減らすことはなかなか困難です．ストレスを溜めない，すなわちストレスに強くなることが大切なのですが，脳内でその働きをするのがセロトニンです．セロトニンを分泌させるには，もくもくと作業をこなすことが有用です．散歩，座禅，読経，塗り絵，フラダンスなどが効果的であるといわれていま

す.いわゆる修行のような単調な行為で,セロトニンはどんどん分泌されます.晩年のピカソは,まさにもくもくと作品を生産し,その間は外界のストレスから遮断され,無心の境地に至ったのでしょう.

　このように,ストレスに対してドパミンやセロトニンが多く分泌される生活習慣が心身の健康に良いと考えられ,ピカソの生活習慣はそれに当てはまったと推定されます.

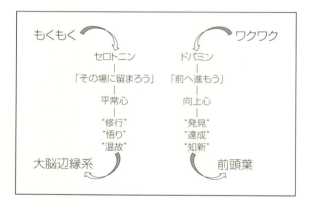

6. 一生の計は老後にあり

　「団塊の世代」の老後は日本経済を揺がしています．団塊世代が定年を迎えたことにより，一挙に700万人の労働人口が失われ，企業側からみれば，80兆円という巨額な退職金が支払われ，その後の年金も大きく跳ね上がるという経済的影響は計り知れません．一方，私が気になるのは，団塊世代の生き様です．彼らは日本の高度成長を支えてきたという気概がある代わりに，わがままであり，仕事一筋だったゆえに生活不能者が多いだろうということです．いわゆる「よい老人」になれるかが怪しいのです．高齢者を一律に扱ってきたこれまでの医療，福祉の対応では矛盾や不平が必ず生ずると思われます．私も相当わがままで，生活不能者でもありますから，団塊の世代の心配をする前に，自分もこのままでは「よい老人」には到底なれないと思っています．だから私も，いまから「よい老人」になるように努力していかなければならないと考えています．

　これまで散々述べてきたように，もはや高齢者は世間にウヨウヨいて，存在自体が尊敬の対象になった昔とは違うのです．私が考えるに，「よい老人」とは世の中の役に立っている高齢者ではないかと思います．

　次に，あまり説教や愚痴を口にしないことも大切だと思います．高齢者はよく説教をしますが，高齢者にとっては若い世代への教育的発言として，世の中の役に立てているつもりなのでしょう．しかし現代では若者の歩みを止め，生産活動の妨げになる場合もあります．高齢者の説教は遺言のつもりで聞くべきなのでしょうが，あまりそれが多くては，若者を疲れさせてしまいます．愚痴も同様です．口より体を動かしたい

ものです．若者が窮した時に初めて，アドバイスをしてあげればよいのです．

　そして最後に，長患いしないことも「よい老人」の条件です．早い時期から，自分の終末期における態度を明確にしておくことが必要です．癌になって治らないなら，寿命を縮めても苦痛を取ってもらう緩和医療を選択肢の1つに入れること．脳卒中や認知症などで寝たきりになったなら，自宅での生活をあきらめ，しかるべき施設に入ること．食べられなくなったなら，もう栄養補給はしないこと．長寿，"ぴんぴんころり"を目指しつつ，それが叶わない場合，以上のような"引き際"も想定しておくべきです．

　自分が実際に老人になった時，これらの気持ちを持ち続けているかどうかわかりませんが，いまはこのような高齢者が「よい老人」だと思っています．

■晩年に目標を失った豊臣秀吉

　よく戦国の三英傑（織田信長，豊臣秀吉，徳川家康）のなかで，だれが魅力的かという話題がなされます．意見の分かれるのが常ですが，晩年の終わり方において，最も望まれないのは豊臣秀吉であることに異論は少ないと思います．日本の歴史上，類を見ない栄達を遂げて，栄耀栄華を極めた秀吉ですが，晩年はあまりにも悲惨でした．これほどの人物が，なぜそこまで転落してしまったのでしょうか．

　豊臣秀吉は，織田信長という主君に拾われて出世街道を駆け上がっていきました．素性についても定かでないほどの百姓あがりの若者が，どんどん出世し天下を取ってしまったのだから，まさに奇跡です．いくら秀吉に才覚があったといっても，身分に厳格

なこの時代においては，あり得ないことです．信長という狂気の天才に仕えていなければ，秀吉の偉業は 100%なかったでしょう．それだけに秀吉は四六時中，信長のことばかり考えていたことでしょう．主君信長の一挙手一投足に全神経を尖らせていた秀吉の姿が目に浮かびます．何せ主君の信長は当時の常識をことごとく覆す天才であり，並大抵の奉公ではついていけず，多くの家臣が突然追放されています．信長がなにを考え，なにを目指しているのかを，秀吉は懸命に考え，それに沿って行動していたことでしょう．信長こそ，秀吉の半生のすべてであったと思われます．

　ところが秀吉 46 歳の時，信長が本能寺で暗殺されるという一大事が起こりました．主君に仕え出世するという目的，義務意識に変わって，天下という巨大な目標が秀吉の目の前にぶらさがったのです．そして 50 歳を前にして天下統一という偉業を成し遂げてしまうのです．ここまでの秀吉は，主君のために身を粉にし，主君の敷いたレールの上を実に鮮やかに突っ走ってきた訳です．選択の余地のない前半生を送った秀吉に，後半生の試練が待ち受けていたのです．

天下統一を果たした後，秀吉は朝鮮出兵，後継者の処刑など脱線した政策を重ねることになります．そして獣のように敏捷，頑健だった肉体が，天下統一後 10 年足らずで一挙に老人へと変貌していくのです．記録によると，秀吉は 62 歳の若さで「老衰」で死亡しました．"62 歳の若さ"とはいいましたが，その当時としては平均以上生きたことにはなります．しかしその死因が老衰なのがいけません．50 歳ごろまではスーパーマンのような働きをみせた人物が，その後心身ともに凋落していったのが不可解といえます．ライバルの徳川家康は，秀吉より 6 歳若いだけですが，秀吉の死後 19 年も生きています．しかも晩年も活発に行動し，"ぴんぴんころり"で亡くなっています．

天下統一後の秀吉にはビジョンが欠けていたことは歴史上明らかです．それまでの偉業はすべて信長が考えたビジョンを実現，踏襲したにすぎません．企画された草案を実行する能力は桁外れでも，草案そのものを作り出す頭はなかったのでしょう．作り出すことを秀吉は期待されておらず，ただひたすら出された企画を実行するだけで精一杯だったのでしょう．それが突然，企画の最高責任者に立場を変えてしまったことから，秀吉の当惑，そして失政も理解できます．さすがの秀吉も50年しみついた仕事スタイルから脱却することは困難だったのでしょう．

　仕事スタイルは変え難くても，生活スタイルはガラッと変わってしまいました．天下統一後の秀吉の豪華絢爛な暮しぶりはよく伝えられています．俗にいう想像を絶する"成金趣味"の誕生です．戦場での明け暮れで，身体を鍛え，粗食に甘んじることが多かった生活が，一変してしまったのです．次々と豪華な城を建て，黄金の茶室で茶をすすり，絹の衣をまとうといった貴族のような暮らしに浸ったのです．毎夜のように美女や山海の珍味を楽しんだのでしょう．衣食住とも前半生の生活スタイルから変わってしまい，酒池肉林を楽しんだことになります．

　そろそろ医学の話をしたいと思います．決定的に彼にダメージを与えたのは緊張感からの解放です．現代においても，男性は退職を機に病を得ることがあります．よく定年後に呆けたやり手のサラリーマンの話を耳にします．現役時代は一心に仕事に打ち込む．業績，上司からの評価を絶えず気にして，いつしか仕事が人生の大半の意義となってしまう．突然10日間の休みができても，なにをしてよいかわからない．このような猛烈サラリーマンは呆けやすいのです．

　ましてや退職してしまうと，ポッカリ大きな穴が空いてしまいます．決まった時間に，こなさねばならない課題に向き合うとい

う義務意識を失ってしまうのです．まさにこの義務意識が大切な訳で，絶えず適度の緊張感を保っていると，病気は近寄ってこないものなのです．秀吉の場合，上司が狂気の信長ですから，ヘタをすれば出世どころか命も危ないサラリーマン生活だったに違いありません．この緊張感がいっぺんになくなったのだから，多少呆けても仕方がありません．晩年において秀吉は物事の判断がつかない偏屈なボケ老人に成り下がっていったのです．さらに肺結核のような症状も加わり，ほとんど寝たきりで晩年をすごすことになります．秀吉の現出した奇跡は，ダメな老後の暮らしぶりのために，跡形もなく消滅してしまったのです．まさに『夢のまた夢』といえます．

秀吉と家康の違い

　秀吉は晩年，心身ともに衰弱して死んでいくのですが，家康の元気ぶりはそれと対照的です．2人の晩年のすごし方を比較してみると，その違いが浮き彫りになります．
　どこが違うかというと，まず第1に，秀吉の緊張感のない晩年に比べて，家康には晩年まで適度な緊張があった点が挙げられます．秀吉が死んだ後も豊臣家は残り，この息の根を止めておかなければ死んでも死に切れないと家康は思ったでしょう．そのためにいろいろな汚い裏工作を行ったようですが，積極的活動であるともいえます．幼い跡継ぎの秀頼の行く末を案じ，将来敵対することがだれの目にも明らかな家康に向かって泣いて懇願した消極的

な秀吉と比べて，家康は何と建設的だったことか．天下統一後は，太平の世に作り変える基礎を築くために，家康は自分の経験を基にいろいろと指示を与えました．退職後，過去の仕事や役職時の気分にしがみつき，新しい生活に踏み出せないダメな老後．これが秀吉の老後なら，家康は退職後もいろいろと仕事や役職を続ける老人のようです．

　次に秀吉と家康の相違として趣味の違いが挙げられます．先に述べたように，家康の趣味として有名なのは鷹狩りでした．これは立派な運動になります．老後において最も大切なのは，足腰が弱らないことです．足は第2の心臓であるばかりか，第2の脳でもあります．足を動かすことで，脳への血流も増加するのです．足を動かすのに，散歩が最も手軽で有効なのですが，かつての鷹狩りはこれに匹敵します．気分転換にもってこいの野外活動でもあります．一方，秀吉の趣味としては，築城，茶会の開催などが挙げられます．いずれも座って行うもので，運動とはいえません．足腰が衰えても仕方がありません．運動せずに座っていると，

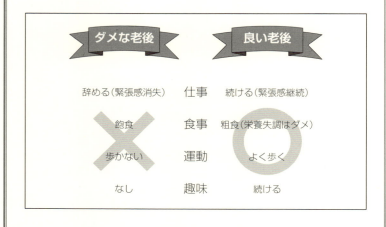

下肢の血流が低下します．下肢には全身の血流の 70％が流れているといわれています．下肢の血流が低下すると，脳血流も低下することになります．さらに食事の面でも，健康維持を意識し粗食を好んだ家康に対し，成金趣味の秀吉には食事養生という概念はなく，今時でいうと歳を取っても肉や豪華なデザートを毎晩のように食しているといった具合です．家康は医者顔負けの養生訓をもち，節制する心がけを絶えず忘れませんでした．それに対して秀吉は，そのような観念は乏しかったと思います．

このように秀吉は，緊張感がなく，運動する習慣をなくし，美食に明け暮れた挙句，誠に残念な老後を送ったのです．それまで築き上げてきた栄耀栄華ばかりか家族の将来も，たった 10 年の老後の失態によって失ってしまったのです．現代社会において，老後は 20 年以上です．われわれも秀吉が送った老後を教訓として，余生を設計すべきではないでしょうか．

7.「老害」について

　「老害」という言葉があります．老人が若者の歩みを止めて，生産活動の邪魔をする現象と老害を捉えることもできます．昔，希少価値だった老人の言動は若者の生きる手引きになったといえます．しかし現代では，少しこの"手引き"が多すぎるのです．これからの老人はできる限り老害を減らす努力をすべきといわざるを得ません．老人の愚痴や説教は，往々にして後向きの気持ちから出るもので，若者を弱らせることが多いのです．

　老害を振り巻く老人にも言い分はあります．自分が生きてきた教訓を少しでも若い世代に残したいから，そのような言動が出るのでしょう．もしかしたら多くの老人が，もっと外へ自分の意見を発信したくてウズウズしているのかもしれません．しかしグッとこらえる老人が多い一方で，我慢せず発信する結果が老害を生むという面も否定できません．確かに彼らの発する説教は一聞に値します．しかしそれが多いと若者は困るのです．働かなければならないからです．老人は春夏秋冬に一度くらいの説教に留めるべきです．

　少し厳しい意見ですが，認知症と老害についても述べたいと思います．認知症の介護で若者（家族や介護スタッフ）が疲弊するのも老害といえなくもありません．下手をすると，認知症こそが老害の極みになってしまう可能性があるのです．多くの人々が「認知症になるくらいなら死んだほうがまし」と思うのは，周りに老害を及ぼしたくないからかもしれません．しかし呆けていて少し手はかかるけれども，周りから愛される認知症患者を私はたくさん知っています．むしろ彼らの存在が周りを明るくし，若者に力を与えているという面もあります．認知症は子ど

もに帰る病気です．可愛く呆ける努力が大切です．認知症は老害ではなく老益にもなりうるのです．

　"超超"高齢社会を迎えるにあたって，若者が困った時，先輩である老人が請われてアドバイスを与えるなら，それは「千金」に値します．

■脳出血で晩年を狂わせたフォード

　アメリカの富と発展の象徴である自動車産業を牽引したフォード社の創業者．独創的な生産法で自動車を量産し，アメリカ全土に普及させました．70歳ごろ（1930年代あたり）までのヘンリー・フォードは，猛烈に事業を展開し，時代の寵児であったといって差し支えありません．しかしその後，彼の晩年は急激に暗転してしまいます．

　独善的な経営方針やヒットラーに迎合するようなユダヤ人批判を行い，一部では批判を招きながらも，壮年期のフォードはアメリカの経済をリードする先駆者でした．彼が実践した他にまねのできない手法は，彼の行きすぎた言動を帳消しにして余りあるものだったのです．そのような彼も，75歳の時，脳出血を起こしてから，一気に"変人"に変貌していきます．当時の大統領であるルーズベルトと対立，有能なスタッフを追放，挙句の果てには息子とも不和になり絶縁状態にまで至ってしまいました．こうして84歳で死去するまでの約10年間，フォードは孤独な晩年をすごすことになりました．そして彼は一族全体の総意で，追放同然に隠居させられてしまうのです．それまで築いてきた名声，家庭，人脈のすべてを失ってしまいます．脳出血がフォードの晩年を狂わせてしまったのです．

　フォードは脳出血後も会社経営に執念を燃やしたそうです．とい

うことは，それほど大きな脳出血ではなかったということを示唆しています．しかしフォードが脳出血で人格変化を来してしまったとするなら，元々脳の老化が進行していたところに，小さいながらも脳出血が追い討ちをかけて，脳の機能が一気に低下してしまったと考えるのが妥当でしょう．軽い認知障害のみの老人に小さい脳梗塞が生じて，一気にアルツハイマー病が悪化するケースも多いのです．フォードは脳出血を起こす前から，少しずつ脳が衰えていたのかもしれません．

　フォードは数々の名言，格言を残しています．「20歳だろうが，80歳だろうが，学ぶのを止めたら老人だ．学び続ける人は若いままである．人生で最も偉大なことは，心を若いまま保つことだ」と彼は言い残しました．しかし彼の晩年は，この格言どおりにはいかなかったようです．1947年，彼は脳卒中を再発し，"追放"先の邸宅で寂しく生涯を閉じました．フォードが味わった狂おしいほどの孤独な晩年は，社会に輝かしい業績や足跡を残した創業者が，その栄光と引き換えに，老後に受ける代償なのでしょう．しかし私としては，社会に貢献し，社会を変えようと努力した代わりに，家族円満を捨てた男としての生き方も，あるのではないかと思えます．

フォードはカリスマのまま消えたかった

　フォードは自分の信念，発想に従い，人の真似をすることなく大事業を成し遂げました．その繰り返しで70歳ごろまで成功してきたのです．そしてその先も，自分が道を切り開いていくものと信

じていたのでしょう．

　残念ながら，肉体は脳の機能も含めて40～50歳ごろから低下していくものです．記憶力はいかなる人でも若い時に比べて低下しますが，記憶力の低下のみでその人の能力が落ちる訳ではありません．それは「経験」がそれを補って余りあるからです．加齢とともにどのような人でも神経細胞は減少していきます．しかし，神経細胞の間をつなぐシナプスという情報の出入り口は努力によって増加していくのです．シナプスが増えると，残された神経細胞が元気になります．脳の機能は神経細胞とシナプスの合計で決まると考えて差し支えないと思います．

　シナプスは努力，経験で増やすことができます．高齢になっても第一線で活躍できる人は，シナプスの発達が高度なのでしょう．

　そうであっても，シナプスの増加，すなわち経験だけではどうにもカバーできない時期がやってきます．それが60歳代なのか，70歳代なのか，それ以上なのかは人それぞれによって違いますが，それまで果たしてきた職務をこなせなくなる時期が到来しま

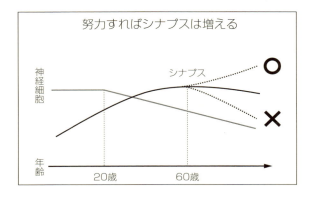

す．だからこそ，定年制度というものがあるのかもしれませんが，創業者には定年はありません．その結果，時に創業者やその周りに悲劇が起きるのです．

老化の初期では神経細胞の減少をシナプスの増加が補い，脳機能は保たれるか上昇します．そのうち補い切れなくなり，脳機能は低下します．ここが引き際なのですが，その時期を逃すと自分で進退も決定できなくなります．

そして，なにかのきっかけでガクッと脳機能が低下し，取り返しのつかない事態を招くのです．そのきっかけがなにかといえば，フォードの場合は脳出血だったという訳です．偉大な人物ほど引き際を大切にすべきですが，その判断を鈍らせるほど老化が進んでからの決断は，往々にして失敗につながると思います．

脳卒中のような想定外の病気を起こせば，それこそ後の祭りです．責任ある立場の老人ほど，脳血管のケアに心を砕くべきです．

8. 安楽死について

　安楽死を望む高齢者も多いと思います．その前に安楽死というものを理解しておく必要があります．
　安楽死とは，「何らかの疾患のため再起が困難で，その疾患がきわめて強い苦痛を伴う場合，本人の自発的意思で致死量の薬物を服用して死を迎える」ことです．
　現在，わが国では安楽死は認められておらず，たびたび法制化が論議されています．
　世界中をみても安楽死を認める国は数少ないというのが現状です．ヨーロッパの数か国，アメリカの一部の州，カナダくらいです．宗教上の問題，殺人罪の適用など，なかなか安楽死法案成立の壁は高いようです．私も患者さんから安楽死の希望があったとしても，それを実行する勇気はなかなか湧かないと思います．
　一方，私がもし再起不能で，進行性で，苦痛を伴う病気に見舞われたとしたなら，おそらく安楽死を望むでしょう．そのような病気とは，癌のことが多いと想像しますが，最近は緩和ケアが進歩してきているので，かなりの終末期になるまでは，そのような気持ちにはならないかもしれませんが．
　安楽死を望むのは，苦痛から逃れたいという気持ちからだけで生じるのでしょうか．助かる見込みがない病気の看護，介護に周りを巻き込むのが心苦しいという気持ちも安楽死を切望する動機になるかもしれません．またこれからは過剰医療を減らすことにも目を向ける必要があり，不要な医療費，介護費を省く目的で安楽死を選択する時代になるかもしれません．"超超"高齢社会を迎えるころには，法制化されていれ

ばと思います.

　安楽死には積極的安楽死と消極的安楽死があります. 積極的安楽死が本来の安楽死で, 薬物で死に至らしめるものです. 一方, 消極的安楽死とは尊厳死のことで, 延命処置を行わない, または中止することで死を早める手段です. 尊厳死はわが国でも受け入れられつつあり, 今後も増えていくでしょう. 尊厳死は当たり前, できれば 10 年後くらいまでに安楽死も認めてほしいというのが, 私の現在の立ち位置です.

■ジークムント・フロイトの安楽死

　精神分析学の創始者. ウィーンの貧しいユダヤ人の家庭に生まれ, ウィーン大学医学部を優秀な成績で卒業し, 晩年に至るまで数々の精神医学のバイブルといえる著書を残しました. 驚くことに, 彼は 30 歳の若さで開業し, それから膨大な研究を成し遂げたのです. 経済的に貧しく, 仕方のない開業だったのでしょうが, 開業医をやりつつ, 医学会をリードする研究を続けるというのは, 猛烈なエネルギーを要することで, まったく敬服に値します. 時代背景やシステムが異なるとはいえ, 専ら商売に熱中する昨今の開業医とはえらい違いです.

　パリで師事したシャルコーから受け継いだヒステリーの研究や, 睡眠によるヒステリー治療. 自由連想法を用いた「精神分析」という分野の開拓. 無意識の中に抑圧されたものが夢という形で出現し, 夢というのは抑圧の表れであり, 神経症の 1 つであるという夢に関する学説. 50 歳になって後継者と期待したユングとの意気投合や決別. その他, さまざまな学問的業績やエピソードの詳細は割愛します.

　フロイトは, 66 歳の時, 口内に白板症という皮膚粘膜疾患が広がっているのを発見しました. これはヘビースモーカーが侵され

る疾患で，悪性腫瘍化する傾向があります．フロイトの場合も，後に癌化するのですが，フロイトは早速手術を受け進行阻止を図りました．しかし口内の癌は上顎癌として確実に進行していき，以後 16 年間，彼を苦しめることになります．大体，喉周辺の癌は，酒とタバコで起こりやすいといわれます．肺癌，食道癌，喉頭癌，舌癌など．「医者の不養生」といいますが，彼も大変なヘビースモーカーだった訳で，癌細胞につけ入る隙を与えたのです．33 回の手術と放射線療法を乗り越え，治療の副作用による激痛に耐えながら，それでも彼は診療や研究，著作を続けました．強靭な精神力に頭が下がります．

　不屈な闘志で癌に立ち向かったフロイトにも最期の時が訪れます．しかしその死は癌による衰弱死ではなく，安楽死でした．癌とその治療による苦痛がもはや限界と判断した 83 歳の時，致死量以上のモルヒネの投与を主治医に希望し，安楽死を遂げたのです．自殺ではなく，このような安楽死を選んだ歴史上の人物を，私はほかに知りません．フロイトが特別だった訳ではなく，安楽死が受け入れられやすい環境（ヨーロッパという風土，戦時中という時代背景，医者という職業）が重なって成し得た最期だったのでしょう．

フロイトの最期は一つの理想形

　現代人の死因として癌，心臓病，脳卒中，肺炎などが挙げられます．癌は治療により完治が得られない場合は，ある程度，ゴールが予想できます．本人が望めば，自ら延命（治療）を拒否して死を早めることもできます．現在は無理ですが，その極端な形が安

楽死です．フロイトは安楽死を選びましたが，最近は緩和ケアが発達しているので，もう少し我慢できたかもしれません．

　癌だけでなく，脳卒中や骨折などで寝たきりになってしまい，苦痛と闘うだけの老人を，本人の意思で安楽死させることも将来考えられるべきと思われます．欧米では，そのような案件が報告されています．しかしわが国では，そのような寝たきり老人に対しては，手をこまねいているしかありません．積極的に天国へ旅立つよう工夫することは犯罪につながるからです．

　最も厄介なのは，ある種の脳卒中や認知症などで意識や病識がなくなり，自分の最期の処し方を決断できなくなってしまう場合でしょう．積極的に寝たきり患者を死に至らしめることは犯罪ですが，かなりの数の人が自分で死を選べず，不本意に寝たきりの時間をすごしているであろう現状を考えると，何らかの対策を講じるべき時期が近づいてきたと思います．フロイトがそのような死を迎えたとしたら，彼の精神科医としての人生は画竜点睛を欠いて終わったと感じてしまいます．少なくとも現代にフロイトが生きていたとしたら，その前に延命拒否の意思表明をきっとしていたでしょう．

フロイトは"幸いにも"判断力の保たれる病気を患い，"勇敢にも"自らの命を絶つ決断を下しました．フロイトは医師であり，時代も第2次世界大戦直前のドサクサの時期だったので，そのような行為が罷りとおったのでしょう．現代の一般人では，なかなかその決断は難しいし，死を望んでも思いどおりにいきません．延命を拒否するだけでなく，将来的にはもっと積極的に死を受け入れる決断を自らがする時代がくるべきだと思います．また，それを見守る家族へのケアがより以上に必要になってくると思います．

　彼のモルヒネによる壮絶な死は，彼が構築してきた精神分析学の集大成であったとも思えますし，一老人の晩年における潔い死ともいえます．

9. 老後の暮らし方

　老後の暮らし方は3通りしかありません．
　第1は，子どもと同居する暮らし方．昔は元々3世代くらいで同居するのが当たり前でしたが，近年の核家族化で別居からスタートする場合が多いのが現実です．親の体調などが悪化して初めて同居するのですが，そこからの同居は苦労がいるものです．
　第2は，どこかの施設に入所する暮らし方ですが，費用の問題，自由の制限など躊躇してしまうことも多いようです．老人ホームに入る時，そこそこの待遇，体制を期待するなら2, 3千万円の費用を覚悟しなければなりません．
　第3は，できる限り最後までこれまでの独居生活を続ける暮らし方で，最も自由ですが，不安は大きいといえます．
　高齢者は3つの暮らし方のいずれかを選ばなければなりません．理想は親子の同居だと思います．高齢者しかわからない経験を若い世代は吸収することができますし，そもそも経費の削減になります．しかしいくつかの難題があります．まず同居したくても，子どもの勤務地などの関係で同居できないという社会的問題があります．前述したように，生産人口は減ってきているのですから，生産を続けるためには会社の方針に従うしかありません．また同居できる環境でも，"価値観が違う"ため同居に踏み切れないという世代的問題もあります．昔のように若い者が遠慮するばかりではいられませんので，年寄も遠慮が必要になってきます．2世帯住宅という"中途半端な"同居もありますが，いずれにしてもお互いの遠慮と我慢が必要になります．いざ同居してみて，すったもんだの末に別居してしまう家族も数多くあります．別々に生活してき

た2世代が結合（同居）するのは，かなりの努力がいるのです．それよりも最初から離れない（別居しない）努力が大切といえます．

しかし子どもとの同居など初めから考えられない高齢者が増えているのが現状です．物理的に同居は無理という理由のほかに，「子どもと同居して気を遣うのはイヤ」という理由も最近はよく耳にします．子どもに敬遠される前に，自分から一定の距離をおいておくのです．いままで述べてきたように，生産人口である子どもたちは，世間の高齢者の社会保障費を生み出すために働かなければなりません．自分の親ばかり看ていられない現状を考えると，子どもと距離をおく親のスタンスも理解できます．いざという時，初めて，短期間でも子どもから親身になって介護を受けるだけで満足すべきかもしれません．

■ありきたりな肺炎で死んだ孤高のトルストイ

トルストイは，帝政ロシアを代表する大作家であることは皆さんもご存じのことと思います．彼は，生まれながらの貴族であり，大富豪でもありました．そして，類稀な理性をも兼ね備えていました．特権階級の典型のような出自ですが，彼の目は恵まれない貧困層に向けられていました．一般に特権階級の人々は，自らの地位や富を守るため，保全に腐心するものですが，トルストイは貧困層の生活改善のために私財を投じました．貧困層にも平等な権利が与えられるよう努めたのです．彼の行為は，なに不自由ない富裕層の人間の自己満足の領域を超え，30歳のころには，ついにアナーキズム（無政府主義）を唱えるに至りました．

その後，同じく上流階級家庭の出であるソフィアという娘と結婚し，しばらくは精神的にも安定します．そしてあの大作「戦争と平和」が出来上がるのです．しかし次の傑作である「アンナ・カ

レーニナ」を書き上げたころから，再びトルストイに精神的不安が訪れます．50歳のころです．

　自らのブルジョア的暮らしと，自分が理想とする世界観との隔たりの大きさに耐え切れなくなり，ついにその内面の矛盾は「わが懺悔」という著作のなかで爆発してしまいます．自己否定はもとより，国家，教会，戦争を全面的に批判しました．文章のなかだけでなく，実際に自殺企図も行っています．

　これによりトルストイは国家，教会ばかりでなく，家族をも敵に回してしまったのです．自らの理念のために，富や名誉を失いかねない暴挙に出た彼を妻や家族は理解できなかったでしょう．

　そして，ついに82歳になったトルストイの我慢は限界に達します．ある夜更け，妻のソフィアが彼の日記を盗み読むのを目撃し，彼は家出を決意したのです．積年の苦悩が一気に爆発した瞬間でした．単に衝動的な家出だったのでしょうが，彼の眼には堕落していくと映った家族に対して，自分が家出することで，真意を伝えたかったのでしょう．しかし決心し決行するには，彼は少し歳を取りすぎていました．家出したのが，1910年10月28日ですから，晩秋です．寒さが日一日と迫りくるロシアの寒空の下を，トルストイは簡単な身支度のみでさまよったのです．そして家出してわずか4日後に，肺炎にかかり，鉄道の駅長室に運ばれることになります．それから数日後，文豪トルストイはあっけなく死去することになりました．

　実は，現代においても，80歳以上の男性の死因の第1位は肺炎です．トルストイも，ありきたりな病で死を迎えた訳ですが，そこまでの過程はとても奇異で劇的といえます．自殺にも近い家出であったといえます．確かに桁外れに人騒がせだったでしょうが，少なくとも自らの尊厳に殉じたということは確かです．

家出（別居）するなら，免疫力を高めて

　現代の夫婦が離婚する時，「性格の不一致」を理由にしますが，トルストイ夫妻の間にも，埋めようのない「人生観，価値観の不一致」がいつの間にか出来上がってしまっていたのでしょう．しかし博愛主義者であるトルストイにとって，妻や家族と離別することは到底無理でした．結婚20年をすぎたあたりから，彼は日記に妻への不満を書き綴るようになります．日記には，理想と現実の狭間でもがき苦しむ彼の苦悩が切々と刻み込まれたのでしょう．

　一方，妻や家族にはトルストイの真意は理解されず，トルストイが現在の地位や富を放り投げ出しかねないと恐れたのでしょう．良くいえば"孤高の家長""次元の高すぎる存在"．悪くいえば"人騒がせな偏屈人""話しかける余地のないまじめすぎるオヤジ"．家族は声を潜めて，トルストイの非常識な行動を非難し，その善後策を練ったのかもしれません．一方，トルストイはますます書斎に引きこもり，孤立していったのでしょう．普通の男なら，あきらめて孤立のままで家庭生活を我慢するでしょう．

　しかしトルストイのように「老後の暴挙」に出る老人男性もいるはずで，今後はますます増えていくでしょう．しかしそのような気難しい男ほどもろい面もあるものです．環境の変化に体調を崩してしまう人も多いのですが，その時，決め手になるのが免疫力です．老化のなかで最も早く落ちていくのが免疫力で，その結果，肺炎などの感染症が起こりやすくなります．また歳を取ると，誤嚥を繰り返し肺炎を起こすことにも留意しなければなりません．先に述べたように，80歳以上の男性の死因第1位が肺炎であり，これは先進国全般にいえることと思います．免疫力を高め

るためには，とにかく歩かなければなりません．これから「独立」しよう（家出，別居の意味）という男性は，特に免疫力強化のため足を鍛えなければならないと思います．

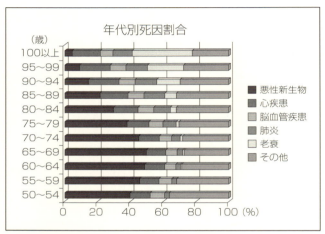

わが国において肺炎による死亡は，加齢とともに増加していく．特に男性では80歳以降死因の第1位である．（老衰を除く）

第 3 章

"超超"高齢社会の決め手

どのように生きるべきか？　逝くべきか？

1. 老後は「体心技」

　昔の養生は「心」「技」「体」の順に鍛えることが大切といわれてきました．しかし現代では，生活環境および医学が長足の進歩をしたため，「人生50年」の昔と異なり，平均寿命80歳以上の時代を迎えました．現代においても「心技体」でよいのでしょうか．私は違うと思います．"超超"高齢社会を迎える高齢者が気をつけなければならない第1は，体（足）を鍛えることであると思います．

　現代人には，高度な医療や衛生管理といった「技」があります．これらは他の国に比べて安易に受けることができるので，このような「技」は後回しでよいでしょう．体を鍛えるほうが先決です．

　確かに高齢者にとって「心」，すなわち気力，向上心は大切だと思います．わが国では認知症が急増してきており，歳を取れば取るほど「心」の充実が望まれます．前向きな気持ちをもたなければなりません．また現代はストレス社会でもあり，自律神経失調症も発症しやすくなります．その面からも「心」の整備は必要になります．ストレスに負けないような生活スタイルを送る工夫も大切です．先に述べましたが，"もくもくワクワク"（もくもくと仕事を続け，ワクワクする楽しい目標をもつ）の生活パターンがよいのではないかと思います．

　しかし現代では，何といっても「体」にいちばん留意すべきではないかと思います．それは，われわれが気力だけではカバーできないほど高齢まで長生きできる時代に突入してしまったからです．70歳くらいで死ぬのなら，別にそれほど体の鍛錬は意識しなくてもよいでしょう．しかし80歳ともなると，いくら頭が元気でも，体を鍛える努力を怠れば，生活は困難になります．足が弱って外出もままならないようになっ

てしまったら，生きている意味が薄れてしまいます．認知症や自律神経失調症の予防にも，歩くこと（特に散歩）は欠かせず，そのためには筋トレ（ストレッチや筋力強化）が欠かせません．

　そのような訳で，"超超"高齢社会では，「体」「心」「技」の順に養生する必要があると考えます．「歳を取れば取るほど体を鍛えることを第1に優先し，それにより気力充実やストレス解消が達成され，心の整備につながる．そして得られた心身の健康を維持するため，若干の医療技術を取り入れる」スタンスで，90歳，100歳を目指しましょう．

2. ちょっと無理して"ぴんぴんころり"

　"ぴんぴんころり"と気軽に言いますが，この課題は切実なものと思います．わが国で"ぴんぴんころり"と逝ける高齢者はたったの10%だそうです．健康年齢が終わって死ぬまでの年数は，男性で約9年，女性で約12年といわれています．さらに先に述べたように，体が不自由になり寝たきりに近い状態の年数が，男性で2年弱，女性では4年強です．すなわち体が不自由になってから，これくらいの年月を生き続けなければならないのです．健康年齢が終わってまもなく天国へ行くことが理想な訳で，これを"ぴんぴんころり"というのです．少なくとも周りに面倒をかける前に"ぴんぴんころり"と逝きたいものです．そのためにはどのようにすればよいでしょうか．

　"ぴんぴんころり"のためには，まず"ぴんぴん"していることが必要です．先ほど述べた「体心技」の養生を参考にしてください．少しつけ加えると，寝たきりの原因の第1位は脳卒中ですが，脳動脈硬化や高血圧などをしっかりと管理する必要があります．第2位は骨折，骨粗鬆症ですが，弱くなってきた骨を守るのが筋肉で，筋肉の柔軟性と筋力向上に励むことを日ごろから忘れないことです．骨密度を上げる治療も時には必要になります．第3位は認知症で，この予防にはまさに「体」「心」「技」の養生のすべてが必要です．脳卒中の予防はもちろんのこと，栄養失調，脱水などで一気に呆けることもありますから，食生活や水分補給にも十分注意してください．

　このようにして"ぴんぴん"を維持したなら，次はなにをすべきでしょうか．それは働くこと，社会の戦力になることだと思います．"ころり"につながるからです．仕事や家事を続けましょう．または復帰す

るように努めましょう．そうすれば，"早く死にたい"という愚痴をこぼすヒマが減ると思います．仕事がない場合は，少し無理をしてでも歩いてください．外出してください．このようにしていると，家でボォーっと座っているより疲れることは確かです．さあ，"ぴんぴんころり"のチャンスです．

```
ぴんぴん → 「体心技」の順に養生すること
ころり   → 働くこと，歩くこと，無理すること
```

3. 延命治療は行うべきでない？

　不治の病で，回復する見込みがないのに，生命を維持するよう治療するのを延命治療といいます．人工呼吸器を装着して呼吸させる，血圧低下に対して持続的に昇圧剤で血圧を維持する，口から食事ができなくなっても点滴や経管で栄養を維持する，などの医療行為です．皆さんは延命治療をどのように思われていますか．私はやはり断固反対の立場を取っています．

　患者さんが寝たきりでも，「生きているだけでよい」と思っている家族もいることでしょう．そこまでは思わないにしても，寝たきりの患者の介護を健気に全力で取り組んでいる家族も多くみられます．これらの家族には，まったく頭が下がりますが，もしこれにかかる医療費や介護費が全額自費負担ならどのように考えるでしょうか．残念ながら，ほとんどの家族が介護継続を断念することになるのではないかと思います．寝たきりになると，月に40万円程度の介護サービスが受けられます．これに医療費などを合わせると優に月50万円の経費がかかってしまいます．これを自費負担できる家庭は少ないといえます．日本は一流国家なので，そのような寝たきりの患者さんを見殺しにはしませんが，これまで述べてきた経済的事情を考え合わせると，できる限り延命行為は減らさなければなりません．

　わが国の寝たきり患者は200万人以上ですから，1人に月50万円かかるなら，総額1兆円以上が1か月で消費される計算になります．年間12兆円ということになります．もし延命の結果，このような寝たきり患者がさらに2倍に増えてしまったとしたら，さすがに裕福なわが国であっても経済破綻は免れません．

昔は医療保険や介護保険などがなかったので，延命の努力はほとんどなされませんでした．できる限りの介護を身内で行い，自然経過に任せたのです．私は，あるところからはそれでよいのではないかと思います．「体心技」の養生を心がけ，"ぴんぴんころり"を目指した末に，ついに病が襲ってきたなら，最先端の治療を思い切り受けてください．いまよりももっと積極的にお金や保険を悔いなく使って完治を目指してください．ただし，期限は1か月余で，それでも完治しない時は，もう悔いを残さず，自然の流れに身を委ね，延命的治療はできる限り避ける方針を選択するべきと考えます．

4. 認知症の治療を止める時

　認知症には2つの治療の止め時があります．

　まず1つ目は，認知症の治療薬を止める時です．現在の治療薬は認知症の進行を遅くするのが目標であり，治すことはできません．残念ながら進行してしまうと，薬の効果はあまり期待できません．アルツハイマー病の初期は「もの忘れ」だけですが，中期になると介護が必要になり，その後はどんどん介護度が増していきます．そのころには病識が低下していき，あまり自身の認知症のことを気にしなくなります．ある意味では平和なのですが，薬の効果も薄れてしまいます．私は，この時期が薬の止め時ではないかと思います．薬を中断すれば進行が早まるのでしょうが，それまで最善の努力をしてきた結果なら，もう潮時かもしれません．家族の愛情はそのような軽薄なものではないと思いますが，それまで最善を尽くしてそこまで至ってしまったなら，治療薬の中止も頭の隅におくべきです．「延命」の章でも述べたように，治療にはメリハリが必要で，医療費のことも考えなければなりません．認知症の薬は高いのです．

　そして2つ目は，終末期の延命治療を拒否する時です．治療薬を止めるか続けるかの問題は，意見が分かれても仕方ありませんが，認知症の延命治療は絶対に行うべきではありません．認知症は終末に近づくと，寝たきりになっていきます．そうなると食事も口から摂れなくなってしまいます．この時点で終わりにすべきと思います．ところが医療機関も家族も，患者がそのまま餓死していくのを静観できず，何らかの医療行為を始めてしまうのです．これは延命治療以外の何物でもありません．食事を摂れなくなり入院すると，病院の医師は，「栄養補充の治療

をしなければ死んでしまう」と家族に決断を迫ります．ここで家族は，「これ以上の延命は遠慮したい」と答えるべきです．しかし病院というところは病気を治す場所なので，入院している意味がなくなります．欧米なら，間違いなく自宅へ戻り，死を待つことになるでしょう．ところがわが国では，そのような風習がないため，延命治療を受け入れざるを得なくなるのです．そして延命治療が始まり，安定した"植物状態"になってしまうこともあります．家族は，すやすや眠り続ける患者を見てどのように思うのでしょう．それでも生きていてくれることに感謝する気持ちも起こるかもしれません．しかし，そのような経済的余裕がわが国にあるのでしょうか．自宅で終末を迎える体制が整わないならば，死を看取るホスピスのような施設をわが国はもっと充実させるべきではないかと思います．

5. 高齢者が1人で暮らすために必要なこと

　"超超"高齢社会を迎えるこれからの日本には，以下のものが必要ではないかと思います．まずは高齢になっても独居していけるような住宅設計や改修の積極的推進です．最近の高齢者は老後，独居を選ばざるを得なくなる可能性が増しています．だからこそ，それに早くから備えなければなりません．住宅をお持ちの人は，住宅の改修がまだの場合はそれを早目に行うべきです．高齢者の転倒，骨折は家の外より内のほうが多いといわれます．骨折して寝たきりになってからでは手遅れです．座りきりに近い状態でも，何とか暮らせるような住宅設計を考えるべきです．やや地味で画一的になっても仕方ありませんから，高齢者対応住宅という概念の普及が望まれます．
　次に介護保険の拡大も必要と思います．これからの老人は多種多様でわがままになるでしょうから，これまでの介護保険のような堅いしばりは取り除いて，かなり自由度の高い介護体制を考えるべきではないでしょうか．昔の家政婦さんのような存在も必要になってくると思います．現在のような保険制度に縛られたヘルパーではなく，もっと柔軟な支援体制が必要だと思います．老人が病気で入院するのに，家族がいつも傍に付き添うわけにはいかない世の中です．私も自分の母の緊急入院に立ち会いましたが，手続きなどで夜中までかかってしまい，非常に疲れたことを覚えています．家族が傍にいない場合，これを患者自身が行うことは無理です．家族はどのような犠牲を払ってでも，何とか親の入院生活を援護しなければならないというのが建前ですが，物理的に困難な環境の家族も増えていくでしょう．病気になる前からの専属のヘルパーが，入院後も話し相手もかねて付き添い，いろいろと雑用もこなして

もらえれば安心なのです．もちろん，その費用をすべて介護保険で賄うことは無理ですので，足らない分は自己負担になります．24時間常に付き添うのではなく，1日のうち何時間というように契約すればよいと思います．オプションのたくさんついた柔軟な介護保険制度の成立が近い将来望まれます．

　もう少し先でも大丈夫だろうとタカをくくっていると，手遅れになってしまうこともあります．老後の準備は意外と手間がかかるものです．

6. 究極の老人ホーム

　最後に老人ホームについて考えてみたいと思います．今後は老人ホームへ入所する老人がますます増えていくことでしょう．まともな老人ホームなら，月に 20〜30 万円はかかります．体が不自由になってきつつある患者さんが老人ホームを考える時，まずネックになるのはお金の問題です．自宅を売りさばいて入所したり，貯金を取り崩して賃料に充てるなど，なかなか老後のやりくりは大変です．

　いかによい老人ホームでも自宅にはかなわないのが普通で，それでも入所するのは，自宅ではもう自活できないほど追い込まれてしまったからでしょう．老人ホームでは食事などは確保され安心ですが，自宅のように勝手気ままは許されません．安全地帯に逃げ込む訳ですが，心から喜んで入る高齢者はほとんどいないのではないでしょうか．

　私は医者で門外漢なのですが，私が老人ホーム（施設）を作るとすれば，どうするでしょう？　絵空事ですが，"超超"高齢社会に臨むにあたって究極の老人ホームを考えてみたいと思います．

　老人ホームに「第 2 の人生」を求めて，元気なうちから入所するのが最も建設的だと思います．かなり"ぴんぴん"のうちに入所するのです．「生きるための老人ホーム」です．しかしそのためには，かなりのお金が必要です．私がそこに入るなら，そこから仕事に出かけるでしょう．その体力がなくなったら，ホームで仕事（医療）を続けさせてもらいたいと思います．そのように，入所者はホームの内外で何らかの生産活動をして賃料を稼ぐよう努めるのです．「入所者も働く老人ホーム」です．ホームの介護を手伝ってもよいでしょう．これから福祉の世界はどんどん人手不足になっていくので，目指すは自給自足型の老人ホーム

です．

　そもそも，なぜ老人ホームに入る必要があるのでしょうか．それは1人で死んでいくのが怖いというか，常識に外れていると思っているからではないでしょうか．いわゆる孤独死を恐れているわけです．淋しい話ですが，"超超"高齢社会では，孤独死も1つの逝き方かもしれません．そこでもう1つの究極の老人ホームは，「死ぬための老人ホーム」です．だれでも死んでいくのは初めてで怖いので，それを見守ってもらうという考えです．昔は病院がその役割を担いましたが，現在ではそれほど長く入院は許されません．できる限り自宅で粘り，死の直前になり入所するのです．「ホスピス型の老人ホーム」といえます．日本人もそろそろ「死」というイベントを少し前向きに受け容れなければならない時代になったと思います．

ホスピス型の老人ホームに近いのですが，低所得者が死んでいくのにも問題が起こっています．国が定める施設基準を満たすような施設には，絶対に家賃 10 万円では入れないのです．まったくの私見ですが，スプリンクラーはすべての施設に要るのでしょうか．常駐する職員は要るのでしょうか（朝と夜に見回るだけでは足りないのでしょうか）．「10 万円ホーム」も必要なのではないでしょうか．
　そのような訳で，老人ホーム入所も大変であるといえます．できれば"ぴんぴんころり"で逝きたいものです．

7. リビング・ウィル

　「終末期医療制度」という言葉が出回っています．自分が再起不能の病態に陥った時，それでも延命を望むか，延命を拒否するかを決断する制度なのです．無駄な医療費を削減するための制度なのでしょうが，その場の光景を想像するとゾッとします．寝たきりになり，食事も満足に取れず，強力な医療の助けがないと生きていけなくなった患者さんやその家族に対して，医療側が「これ以上治療を続けるか否か」を確認し，文書に書き留めるのです．終末期に差しかかった患者のうち何人が冷静に状況を判断できるかを考えると，結構厳しい制度と思わざるを得ません．

　この問題で大切なのは，自らの終末期治療についての希望を決定する時期だと思います．寝たきりでなく，的確な判断力のあるうちに，延命に関する自分の意思を決定，表明しておくことが有意義であり，必要であると思います．

　自分が回復不可能な病気を患い，延命治療を受けるかもしれない事態を想定し，これを拒否する意思を表明しておく行為を"Living Will"といいます．これは法律で定められたものではないので，いかなる場合でも通用する訳ではないのですが，自分の将来と向き合い気持ちを整理しておくことは大切と思います．

　"的確な判断力のあるうちに"と述べましたが，認知症が進行していくと，意思決定などできません．Living Will を行うなら認知症の初期まででなくてはなりません．可能ならば認知症がまったく現れてないうちに Living Will をしておくとよいかもしれません．呆けた後に，食事が食べられなくなってきた時，あなたは生きていたいでしょうか．

そのような将来を想像するのは嫌なことですが，生きていたくないのに生かされている自分がいるとすれば，悲劇だといえます．悲劇は自分だけでなく，家族にも及びます．医療費が膨張しているわが国の経済にも及ぶといえます．Will（意思，意志）は年々変わってもおかしくありません．考えが変わったら，その都度 Will を変更すればよいと思います．別に文書にしなくても，ある程度の年齢に達したら，現在の Will を思い定めることは，"超超"高齢社会が間近のわが国においては必要な作業かもしれません．

　私のクリニックで作成してみた"Living Will（認知症で寝たきりになった場合の延命拒否表明書）"を次頁に付記して，長々と述べてきた長寿，長命に関する私の意見を終わりにしたいと思います．

Living Will

　私は現在，ほぼ健全な生活を送っています．自分の人生の終末においても，自分で決定したいと思っております．しかし万一，認知症にかかり，正常な判断力を失う事態に陥った場合は，正確に身の振り方を決定することは困難と思います．そのような事態に至らぬよう最大の努力をしていくつもりです．

　それでも，自分がもし進行性の認知症にかかった場合も想定して，判断力のあるうちに，認知症が進行した時の終末期医療に対する意思表明をしておきたいと思います．

　認知症が進行し，自然経過で寝たきりに近い状態になった場合，治療薬の内服薬の内服や訓練は中止してください．「寝たきりに近い状態」とは，大体 1 人で，もたれずに座っていられないくらいを指しますが，その評価はそれほど厳密でなくても結構です．自然経過ではなく，突然の事故や合併症で寝たきりになってしまった場合は，必要な治療をしていただいて結構ですが，寝たきり状態が回復しないようならば，できる限り早く治療を中止してください．

　そしていよいよ食事が食べられなくなり，点滴や経管栄養が必要になった場合でも，そのような処置はしないでください．多少危険でも，口から食事を摂れるようにご配慮をお願いします．それによって肺炎などの合併症が発生しても，まったく悔いはありません．また栄養失調や脱水で，生命に危険な状態が訪れても，そのままにしてください．呼吸ができない状態になったとしても，人工呼吸器を付けるようなことはしないでください．しかし，もし私が苦しがっているようにみえるならば，その状態を緩和していただける鎮痛治療は，喜んでお受けいたします．

　以上のようなわがままをいって，家族や医療，介護スタッフの皆さまには，大変申し訳ありません．しかし，どうか私の願いを聞いてください．決して悔いはありませんので，お願いいたします．

　私はこの終末期医療の中止を求める意思表明書を，正常な判断力をもつ状態で書いています．たとえ，家族のだれかが反対しても，私の意志を尊重してください．どうか，私の願いを聞き届けてください．

　　平成　　年　　月　　日
　　　　　住所

　　　　　　　　本人署名　　　　　　　　㊞

　　　　　　　　家族署名（可能であれば）　㊞

　「"超超"高齢社会」という造語を本稿では用いましたが，高齢化率28％以上の新しい社会の呼び名は，いまのところ決められていないようです．差し当たって「"超超"高齢社会」として話を進めましたが，どのような呼び名がふさわしいのでしょうか．「"超超"高齢社会」というのでは，"高齢者が多すぎる社会"とも受け取れるニュアンスがあります．実際そのとおりなのですが，もう少し建設的な呼び名はないのでしょうか．

　これからはさらに少子高齢化の傾向が進むわけですから，「逆転社会」と皮肉を込めた呼び名もありかと思います．昔は掃いて捨てるほど子どもがいて，老人はほんのひと握りでした．老人はどのような形であれ，大切にされたのです．ところが現在は真逆の人口構成に近づいています．「逆転社会」なのです．子どもが希少で，大切にされるのです．子ども手当など若年層を育成するのに都合のよい制度が発案されるご時世です．数少ない若年層を支えるため，高齢者は奮起しなければならないのです．

　高齢者が社会の戦力になることが，これからのわが国の課題であるわけですから，「総活躍時代」というのもよいかもしれません．少子高齢化による経済面などの歪みを挽回しようと躍起になっているわが国の政策も「総活躍」という言葉をスローガンに使っています．高齢者に奮起を促す意味も込めて，この呼び方も一考に値します．

高齢者が壮年層(生産人口)に勝るのは経験だと思います．切羽詰まった日々を生きる壮年層と異なり，高齢者は余裕をもって働くことも可能です．その意味から，「ゴールデンエイジ社会」というのはどうでしょう．これからは老人も社会のお荷物にならないよう，いぶし銀の強みを発揮して光り輝く存在であってほしいという願いを込めた呼び名です．

　いろいろと提案してみました．これまでは高齢者が増え続けることによる負の面にばかりに目が向けられていたのではないかと思います．これからは正の面を大切にすべきと考えます．「方向転換」の時期が眼前に訪れました．

　愛する母にこの本を捧げます．

2018 年 1 月

渡辺　正樹

●著者紹介

渡辺　正樹（わたなべ　まさき）
　　渡辺クリニック・院長
　　内科認定医，神経内科認定医，
　　脳卒中学会評議員，動脈硬化学会評議員
・略歴
　　1958 年　三重県四日市市に生まれる
　　1985 年　名古屋大学医学部卒，名古屋第一赤十字病院にて研修
　　1994 年　名古屋大学神経内科博士号取得
　　1995 年　名古屋第一赤十字病院（1997 年より副部長）
　　2000 年　エスエル医療グループに参加
・主な著書
　　「認知症時代」を生きる（ワールドプランニング）
　　認知症を斬る（ワールドプランニング）
　　動脈硬化という敵に勝つ（ワールドプランニング）
　　もくもくワクワクで認知症を予防する（ワールドプランニング）
　　自律神経失調症を知ろう（南山堂）

私はどこで生き，どこで死んでゆくのか？

2018 年 1 月 15 日　第 1 版

定　　価　本体 1,400 円＋税
著　者　　渡辺　正樹
発 行 者　吉岡　正行
発 行 所　株式会社 ワールドプランニング
　　　　　〒162-0825　東京都新宿区神楽坂 4-1-1
　　　　　Tel：03-5206-7431
　　　　　Fax：03-5206-7757
　　　　　E-mail：world@med.email.ne.jp
　　　　　http：//www.worldpl.com
振替口座　00150-7-535934
印　　刷　三報社印刷株式会社

©2018, Masaki Watanabe
ISBN978-4-86351-133-0 C3036